रविदास

रविदास

वसुंधरा

First published in India in 2020 by
Rudra Publishers & Distributors

ISBN: 978-93-868291-6-0

The views and opinions expressed in this book are the author's own and the facts are as reported by her, and the publishers are not in any way liable for the same.

Rudra Publishers & Distributors
S-1, 5/587, Sector-5, Vaishali,
Ghaziabad- 201002,
E-mail: rudrapubdis@gmail.com

Printed and Bound in
Delhi

₹ 449/-

अनुक्रम

भूमिका

सतगुरु रविदास जी भारत के उन चुनिंदा महापुरुषों में से एक हैं जिन्होंने अपने रूहानी वचनों से सारे संसार को एकता, भाईचारा पर जोर दिया। आप जी की अनूप महिमा को देख कई राजे और रानियां आपकी शरण में आए। आप ने जीवन भर समाज में फैली कुरीति जैसे जात पात के अंत के लिए काम किया।

संत रैदास काशी के रहने वाले थे। इन्हें रामानन्द का शिष्य माना जाता है परंतु अंतःसाक्ष्य के किसी भी स्रोत से रैदास का रामानन्द का शिष्य होना सिद्ध नहीं होता। इनके अतिरिक्त रैदास की कबीर से भी भेंट की अनेक कथाएँ प्रसिद्ध हैं परंतु उनकी प्रामाणिकता सन्दिग्ध है। नाभादास कृत भक्तमाल, में रैदास के स्वभाव और उनकी चारित्रिक उच्चता का प्रतिपादन मिलता है। प्रियादास कृत भक्तमाल की टीका के अनुसार चित्तौड़ की झालारानी उनकी शिष्या थीं, जो महाराण सांगा की पत्नी थीं। इस दृष्टि से रैदास का समय सन् 1482–1527 ई. (सं. 1539–1584 वि.) अर्थात विक्रम की सोलहवीं शती के अंत तक चला जाता है। कुछ लोगों का अनुमान कि यह चित्तौड़ की रानी मीराबाई ही थीं और उन्होंने रैदास का शिष्यत्व ग्रहण किया था। मीरा ने अपने अनेक पदों में रैदास का गुरु रूप में स्मरण किया है –

गुरु रैदास मिले मोहि पूरे, धुरसे कलम भिड़ी।

सत गुरु सैन दई जब आके जोत रली।

रैदास ने अपने पूर्ववर्ती और समसामायिक भक्तों के सम्बन्ध में लिखा है। उनके निर्देश से ज्ञात होता है कि कबीर की मृत्यु उनके सामने ही हो गयी थी। रैदास की अवस्था 120 वर्ष की मानी जाती है।

1
जीवन परिचय

रैदास अथवा संत रविदास कबीर के समसामयिक कहे जाते हैं। मध्ययुगीन संतों में रैदास का महत्त्वपूर्ण स्थान है। अतः इनका समय सन् 1398 से 1518 ई. के आस पास का रहा होगा। अंतः साक्ष्य के आधार पर रैदास का चर्मकार जाति का होना सिद्ध होता है–

"नीचे से प्रभु आँच कियो है कह रैदास चमारा"

संत रैदास काशी के रहने वाले थे। इन्हें रामानन्द का शिष्य माना जाता है परंतु अंतःसाक्ष्य के किसी भी स्रोत से रैदास का रामानन्द का शिष्य होना सिद्ध नहीं होता। इनके अतिरिक्त रैदास की कबीर से भी भेंट की अनेक कथाएँ प्रसिद्ध हैं परंतु उनकी प्रामाणिकता सन्दिग्ध है। नाभादास कृत "भक्तमाल" में रैदास के स्वभाव और उनकी चारित्रिक उच्चता का प्रतिपादन मिलता है। प्रियादास कृत "भक्तमाल" की टीका के अनुसार चित्तौड़ की "झालारानी" उनकी शिष्या थीं, जो महाराणा सांगा की पत्नी थीं। इस दृष्टि से रैदास का समय सन् 1482–1527 ई. (सं. 1539–1584 वि.) अर्थात विक्रम की सोलहवीं शती के अंत तक चला जाता है। कुछ लोगों का अनुमान हैं कि यह चित्तौड़ की रानी मीराबाई ही थीं और उन्होंने रैदास का शिष्यत्व ग्रहण किया था। मीरा ने अपने अनेक पदों में रैदास का गुरु रूप में स्मरण किया है –

"गुरु रैदास मिले मोहि पूरे, धुरसे कलम भिड़ी।

सत गुरु सैन दई जब आके जोत रली।"

रैदास ने अपने पूर्ववर्ती और समसामायिक भक्तों के सम्बन्ध में लिखा है। उनके निर्देश से ज्ञात होता है कि कबीर की मृत्यु उनके सामने ही हो गयी थी। रैदास की अवस्था 120 वर्ष की मानी जाती है।

जन्म

मध्ययुगीन संतों में प्रसिद्ध रैदास के जन्म के संबंध में प्रामाणिक जानकारी उपलब्ध नहीं है। कुछ विद्वान् काशी में जन्मे रैदास का समय 1482–1527 ई. के बीच मानते हैं। रैदास का जन्म काशी में चर्मकार कुल में हुआ था। उनके पिता का नाम "रग्घु" और माता का नाम "घुरविनिया" बताया जाता है। रैदास ने साधु–सन्तों की संगति से पर्याप्त व्यावहारिक ज्ञान प्राप्त किया था। जूते बनाने का काम उनका पैतृक व्यवसाय था और उन्होंने इसे सहर्ष अपनाया। वह अपना काम पूरी लगन तथा परिश्रम से करते थे और समय से काम को पूरा करने पर बहुत ध्यान देते थे। उनकी समयानुपालन की प्रवृत्ति तथा मधुर व्यवहार के कारण उनके सम्पर्क में आने वाले लोग भी बहुत प्रसन्न रहते थे।

व्यक्तित्व

रैदास के समय में स्वामी रामानन्द काशी के बहुत प्रसिद्ध प्रतिष्ठित सन्त थे। रैदास उनकी शिष्य–मण्डली के महत्त्वपूर्ण सदस्य थे। प्रारम्भ में ही रैदास बहुत परोपकारी तथा दयालु थे और दूसरों की सहायता करना उनका स्वभाव बन गया था। साधु–सन्तों की सहायता करने में उनको विशेष सुख का अनुभव होता था। वह उन्हें प्रायः मूल्य लिये बिना जूते भेंट कर दिया करते थे। उनके स्वभाव के कारण उनके माता–पिता उनसे अप्रसन्न रहते थे। कुछ समय बाद उन्होंने रैदास तथा उनकी पत्नी को अपने घर से अलग कर दिया। रैदास पड़ोस में ही अपने लिए एक अलग झोपड़ी बनाकर तत्परता से अपने व्यवसाय का काम करते थे

और शेष समय ईश्वर–भजन तथा साधु–सन्तों के सत्संग में व्यतीत करते थे। कहते हैं, ये अनपढ़ थे, किंतु संत–साहित्य के ग्रंथों और गुरु–ग्रंथ साहब में इनके पद पाए जाते हैं।

वचनबद्धता

उनके जीवन की छोटी–छोटी घटनाओं से समय तथा वचन के पालन सम्बन्धी उनके गुणों का ज्ञान मिलता है। एक बार एक पर्व के अवसर पर पड़ोस के लोग गंगा–स्नान के लिए जा रहे थे। रैदास के शिष्यों में से एक ने उनसे भी चलने का आग्रह किया तो वे बोले, "गंगा–स्नान के लिए मैं अवश्य चलता किन्तु एक व्यक्ति को आज ही जूते बनाकर देने का मैंने वचन दे रखा है। यदि आज मैं जूते नहीं दे सका तो वचन भंग होगा। गंगा स्नान के लिए जाने पर मन यहाँ लगा रहेगा तो पुण्य कैसे प्राप्त होगा? मन जो काम करने के लिए अन्तरूकरण से तैयार हो वही काम करना उचित है। मन सही है तो इस कठौती के जल में ही गंगास्नान का पुण्य प्राप्त हो सकता है।" कहा जाता है कि इस प्रकार के व्यवहार के बाद से ही कहावत प्रचलित हो गयी कि – "मन चंगा तो कठौती में गंगा।"

शिक्षा

रैदास ने ऊँच–नीच की भावना तथा ईश्वर–भक्ति के नाम पर किये जाने वाले विवाद को सारहीन तथा निरर्थक बताया और सबको परस्पर मिल जुल कर प्रेमपूर्वक रहने का उपदेश दिया। वे स्वयं मधुर तथा भक्तिपूर्ण भजनों की रचना करते थे और उन्हें भाव–विभोर होकर सुनाते थे। उनका विश्वास था कि राम, कृष्ण, करीम, राघव आदि हैं सब एक ही परमेश्वर के विविध नाम हैं। वेद, कुरान, पुराण आदि ग्रन्थों में एक ही परमेश्वर का गुणगान किया गया है।

"कृस्न, करीम, राम, हरि, राघव, जब लग एक न पेखा।
वेद कतेब कुरान, पुरानन, सहज एक नहिं देखा।।"

उनका विश्वास था कि ईश्वर की भक्ति के लिए सदाचार, परहित – भावना तथा सदव्यवहार का पालन करना अत्यावश्यक है। अभिमान

त्याग कर दूसरों के साथ व्यवहार करने और विनम्रता तथा शिष्टता के गुणों का विकास करने पर उन्होंने बहुत बल दिया। अपने एक भजन में उन्होंने कहा है –

"कह रैदास तेरी भगति दूरि है, भाग बड़े सो पावै।

तजि अभिमान मेटि आपा पर, पिपिलक हवै चुनि खावै।"

उनके विचारों का आशय यही है कि ईश्वर की भक्ति बड़े भाग्य से प्राप्त होती है। अभिमान शून्य रहकर काम करने वाला व्यक्ति जीवन में सफल रहता है जैसे कि विशालकाय हाथी शक्कर के कणों को चुनने में असमर्थ रहता है, जबकि लघु शरीर की "पिपीलिका" इन कणों को सरलतापूर्वक चुन लेती है। इसी प्रकार अभिमान तथा बड़प्पन का भाव त्याग कर विनम्रतापूर्वक आचरण करने वाला मनुष्य ही ईश्वर का भक्त हो सकता है।

सत्संग

शैशवावस्था से ही सत्संग के प्रति उनमें तीव्र अभिरुचि थी। अतः रामजानकी की मूर्ति बनाकर पूजन करने लगे थे। पिता ने किसी कारणवश उन्हें अपने से अलग कर दिया था और वे घर के पिछवाड़े छप्पर डालकर रहने लगे। ये परम संतोषी और उदार व्यक्ति थे। वे अपने बनाये हुये जूते बहुधा साधु–सन्तो में बांट दिया करते थे। इनकी विरक्ति के सम्बन्ध में एक प्रसंग मिलता है कि एक बार किसी महात्मा ने उन्हे "पारस" पत्थर दिया जिसका उपयोग भी उसने बता दिया। पहले तो सन्त रैदास ने उसे लेना ही अस्वीकार कर दिया।

किन्तु बार – बार आग्रह करने पर उन्होंने ग्रहण कर लिया और अपने छप्पर में खोंस देने के लिये कहा। तेरह दिन के बाद लौटकर उक्त साधु ने जब पारस पत्थर के बारे में पूछा तो संत रैदास का उत्तर था कि जहां रखा होगा, वहीं से उठा लो और सचमुच वह पारस पत्थर वहीं पड़ा मिला।

सत्य

सन्त रैदास ने सत्य को अनुपम और अनिवर्चनीय कहा है। वह

सर्वत्र एक रस है। जिस प्रकार जल में तरंगे है उसी प्रकार सारा विश्व उसमें लक्षित होता है। वह नित्य, निराकार तथा सबके भीतर विद्यमान है। सत्य का अनुभव करने के लिये साधक को संसार के प्रति अनासक्त होना पड़ेगा। संत रैदास के अनुसार प्रेममूलक भक्ति के लिये अहंकार की निवृत्ति आवश्यक है। भक्ति और अहंकार एक साथ संभव नहीं है। जब तक साधक अपने साध्य के चरणों में अपना सर्वस्व अर्पण नहीं करता तब तक उसे लक्ष्य की सिद्धि नहीं हो सकती।

साधना

सन्त रैदास मध्ययुगीन इतिहास के संक्रमण काल में हुए थे। ब्राह्मणों की पैशाविक मनोवृत्ति से दलित और उपेक्षित पशुवत जीवन व्यतीत करने के लिये बाध्य थे। यह सब उनकी मानसिकता को उद्वेलित करता था। सन्त रैदास की समन्वयवादी चेतना इसी का परिणाम है। उनकी स्वानुभूतिमयी चेतना ने भारतीय समाज में जागृति का संचार किया और उनके मौलिक चिन्तन ने शोषित और उपेक्षित शूद्रो में आत्मविश्वास का संचार किया। परिणामतः वह ब्राह्मणवाद की प्रभुता के सामने साहसपूर्वक अपने अस्तित्व की घोषणा करने में सक्षम हो गये। सन्त रैदास ने मानवता की सेवा में अपना सर्वस्व समर्पित कर दिया। सन्त रैदास के मन में इस्लाम के लिए भी आस्था का समान भाव था। कबीर की वाणी में जहाँ आक्रोश की अभिव्यक्ति है, वहीं दूसरी ओर सन्त रैदास की रचनात्मक दृष्टि दोनो धर्मो को समान भाव से मानवता के मंच पर लाती है। सन्त रैदास वस्तुतः मानव धर्म के संस्थापक थे।

धर्म

वर्णाश्रम धर्म को समूल नष्ट करने का संकल्प, कुल और जाति की श्रेष्ठता की मिथ्या सिद्धि सन्त रैदास द्वारा अपनाये गये समन्वयवादी मानवधर्म का ही एक अंग है जिसे उन्होंने मानवतावादी समाज के रूप में संकल्पित किया था। जन्म जात मत पूछिये, का जात अरू पात। रविदास पूत सभ प्रभ के कोउ नहि जात कुजात।

भक्ति

उपनिषदों से लेकर महर्षि नारद और शाण्डिल्य ने भक्ति तत्व की

अनेक प्रकार से व्याख्या की है। रैदास ने भक्ति में रागात्मिका वृत्ति को ही महत्व दिया है। नाम मार्ग और प्रेम भक्ति उनकी अष्टांग साधना में ही है। रैदास की अष्टांग साधना पद्धति उनकी स्वतंत्र व स्वछंद चेतना का प्रवाह है। यह साधना पूर्णतः मौलिक है।

समाज पर प्रभाव

रैदास की वाणी, भक्ति की सच्ची भावना, समाज के व्यापक हित की कामना तथा मानव प्रेम से ओत–प्रोत होती थी। इसलिए उनकी शिक्षाओं का श्रोताओं के मन पर गहरा प्रभाव पड़ता था। उनके भजनों तथा उपदेशों से लोगों को ऐसी शिक्षा मिलती थी जिससे उनकी शंकाओं का सन्तोषजनक समाधान हो जाता था और लोग स्वतरू उनके अनुयायी बन जाते थे। उनकी वाणी का इतना व्यापक प्रभाव पड़ा कि समाज के सभी वर्गों के लोग उनके प्रति श्रद्धालु बन गये। कहा जाता है कि मीराबाई उनकी भक्ति–भावना से बहुत प्रभावित हुईं और उनकी शिष्या बन गयी थीं।

"वर्णाश्र अभिमान तजि, पद रज बंदहिजासु की।

सन्देह–ग्रन्थि खण्डन–निपन, बानि विमुल रैदास की।।"

रचनाएँ

रैदास अनपढ़ कहे जाते हैं। संत–मत के विभिन्न संग्रहों में उनकी रचनाएँ संकलित मिलती हैं। राजस्थान में हस्तलिखित ग्रंथों में रूप में भी उनकी रचनाएँ मिलती हैं। रैदास की रचनाओं का एक संग्रह "बेलवेडियर प्रेस", प्रयाग से प्रकाशित हो चुका है। इसके अतिरिक्त इनके बहुत से पद "गुरु ग्रंथ साहिब" में भी संकलित मिलते हैं। यद्यपि दोनों प्रकार के पदों की भाषा में बहुत अंतर है तथापि प्राचीनता के कारण "गुरु ग्रंथ साहब" में संग्रहीत पदों को प्रमाणिक मानने में कोई आपत्ति नहीं होनी चाहिए।

रैदास के कुछ पदों पर अरबी और फारसी का प्रभाव भी परिलक्षित होता है। रैदास के अनपढ़ और विदेशी भाषाओं से अनभिज्ञ होने के कारण ऐसे पदों की प्रामाणिकता में सन्देह होने लगता है। अतः रैदास

के पदों पर अरबी–फारसी के प्रभाव का अधिक संभाव्य कारण उनका लोकप्रचलित होना ही प्रतीत होता है।

महत्व

आज भी सन्त रैदास के उपदेश समाज के कल्याण तथा उत्थान के लिए अत्यधिक महत्त्वपूर्ण हैं। उन्होंने अपने आचरण तथा व्यवहार से यह प्रमाणित कर दिया है कि मनुष्य अपने जन्म तथा व्यवसाय के आधार पर महान् नहीं होता है। विचारों की श्रेष्ठता, समाज के हित की भावना से प्रेरित कार्य तथा सदव्यवहार जैसे गुण ही मनुष्य को महान् बनाने में सहायक होते हैं। इन्हीं गुणों के कारण सन्त रैदास को अपने समय के समाज में अत्यधिक सम्मान मिला और इसी कारण आज भी लोग इन्हें श्रद्धापूर्वक स्मरण करते हैं। संत कवि रैदास उन महान् सन्तों में अग्रणी थे, जिन्होंने अपनी रचनाओं के माध्यम से समाज में व्याप्त बुराइयों को दूर करने में महत्त्वपूर्ण योगदान किया। इनकी रचनाओं की विशेषता लोक–वाणी का अद्‌भुत प्रयोग रही हैं जिससे जनमानस पर इनका अमिट प्रभाव पड़ता है।

मधुर एवं सहज संत रैदास की वाणी ज्ञानाश्रयी होते हुए भी ज्ञानाश्रयी एवं प्रेमाश्रयी शाखाओं के मध्य सेतु की तरह है। गृहस्थाश्रम में रहते हुए भी रैदास उच्च–कोटि के विरक्त संत थे। उन्होंने ज्ञान–भक्ति का ऊंचा पद प्राप्त किया था। उन्होंने समता और सदाचार पर बहुत बल दिया। वे खंडन–मंडन में विश्वास नहीं करते थे। सत्य को शुद्ध रूप में प्रस्तुत करना ही उनका ध्येय था। रैदास का प्रभाव आज भी भारत में दूर–दूर तक फैला हुआ है। इस मत के अनुयायी रैदासी या रविदासी कहलाते हैं।

रैदास की विचारधारा और सिद्धांतों को संत–मत की परम्परा के अनुरूप ही पाते हैं। उनका सत्यपूर्ण ज्ञान में विश्वास था। उन्होंने भक्ति के लिए परम वैराग्य अनिवार्य माना जाता है। परम तत्त्व सत्य है, जो अनिवर्चनीय है– "यह परमतत्त्व एकरस है तथा जड़ और चेतन में समान रूप से अनुस्यूत है। वह अक्षर और अविनश्वर है और जीवात्मा के रूप में प्रत्येक जीव में अवस्थित है। संत रैदास की साधनापद्धति का क्रमिक

विवेचन नहीं मिलता है। जहाँ–तहाँ प्रसंगवश संकेतों के रूप में वह प्राप्त होती है।" विवेचकों ने रैदास की साधना में "अष्टांग" योग आदि को खोज निकाला है। संत रैदास अपने समय के प्रसिद्ध महात्मा थे। कबीर ने संतनि में "रविदास संत" कहकर उनका महत्त्व स्वीकार किया इसके अतिरिक्त नाभादास, प्रियादास, मीराबाई आदि ने रैदास का ससम्मान स्मरण किया है। संत रैदास ने एक पंथ भी चलाया, जो रैदासी पंथ के नाम से प्रसिद्ध है। इस मत के अनुयायी पंजाब, गुजरात, उत्तर प्रदेश आदि में पाये जाते हैं।

2

भारत के समन्वयवादी संत

भारत के किसी भी संत को शायद ही इतने अलग–अलग नामों से पुकारा गया होगा, जितना कि रैदासजी को। पंजाब के लोगों ने अपने उच्चारण की सहजता में उन्हें रविदास कहा। 'आदि ग्रंथ' या गुरु ग्रंथ साहिब में जहां कहीं भी उनके पद संकलित हैं, वहां उनका नाम 'रविदास' ही लिखा गया है। उत्तर प्रदेश, मध्य प्रदेश और राजस्थान में उन्हें रैदास के नाम से ही जाना जाता है। गुजरात और महाराष्ट्र के लोग उन्हें 'रोहिदास' के नाम से पुकारते हैं, और बंगाल के लोग उन्हें 'रुइदास' कहते हैं। कई पुरानी पांडुलिपियों में उन्हें रायादास, रेदास, रेमदास और रौदास के नाम से भी देखा गया है। इसका एक मुख्य कारण यह भी कहा जा सकता है कि भक्ति और मुक्ति का प्रतीक बन चुके रैदास को अलग–अलग भाषा–भाषियों ने इतने अपनापन से आत्मसात किया कि उन्होंने उनके नाम तक को अपने अनुरूप ढाल लिया।

कहते हैं कि जिस तरह चंद्रमा अपनी कलाएं बदलते–बदलते पूर्णिमा के दिन जाकर पूर्ण हो जाता है, उसी तरह साधक भी साधना करते–करते एक दिन पूर्णता और समता को प्राप्त करके संत बन जाता है। यह भी एक कारण हो सकता है कि भारतीय परंपरा में संतों और बुद्धों के जन्म और मरण को प्रायः पूर्णिमा से जोड़ा जाता है। कबीर,

नानक और गौतम बुद्ध का जन्मदिन हम खास महीनों की पूर्णिमा को ही मनाते हैं। संत रैदास के जन्म के बारे में भी ऐसा ही है। उनके जन्म का ठीक–ठीक साल और उसकी तारीख हमें मालूम नहीं है। लेकिन इतना जरूर माना जाता है कि माघ महीने की पूर्णिमा को उनका जन्म हुआ था।

उनके नाम 'रवि–दास' के आधार पर कुछ लोग उनका जन्म रविवार को हुआ मानते हैं और इसी को आधार बनाकर वह पन्द्रहवीं शताब्दी की उस माघी पूर्णिमा को उनका जन्म बताते हैं जिस दिन रविवार पड़ा होगा। लेकिन जैसा कि संतों के साथ होता है कि उनका जीवन और उनके विचार किसी खास नाम, रूप, देश और काल के दायरों में बंधे नहीं होते। अपने आराध्य आत्माराम के साथ एकाकार होने के बाद उनका जो कुछ शेष रहता है वह सार्वकालिक और सार्वजनीन हो जाता है।

मध्यकालीन भारत के संतों में एक खास बात यह देखी जाती है कि उन्होंने स्वयं श्रम करते हुए अपना गुजारा किया। लगभग सभी संतों ने अपना पेशा आजीवन जारी रखा। कबीर कपड़ा बुनते रहे, संत सैन ने नाई का पेशा बरकरार रखा, नामदेव ने कपड़े पर छपाई जारी रखी, दादू दयाल ने रुई धुनने का काम नहीं छोड़ा और गुरु नानक ने अपने जीवन के अंतिम वर्ष खेती करते हुए ही बिताए। लेकिन इन सबमें रैदास का पेशा एकदम जुदा था, वे मोची थे। जूते बनाते थे और उसकी मरम्मत भी करते थे। समाज की भाषा में उनकी जाति कथित 'चमार' की थी। लेकिन राम और गोविंद की लगन ऐसी लगी थी कि रैदास नाम ही 'भक्त' का पर्याय बनता जा रहा था। इतना तक कि कबीर जैसे महान संत ने भी कह दिया कि 'साधुन में रविदास संत है'।

लेकिन रैदास अपने पेशे और जाति को लेकर किसी प्रकार की आत्महीनता का शिकार न थे। उन्होंने बल्कि अपने पद, बानी और सबद में इसका कई बार उल्लेख किया। उनके समकालीनों और परवर्ती संतों ने भी उनकी जाति का भरपूर उल्लेख किया। आदि ग्रंथ अथवा गुरु ग्रंथ साहिब में संकलित रैदास जी के कुछ पदों में उनकी जाति का वर्णन इस तरह मिलता है– ऐसी मेरी जात बिखिआत चमारं, हिरदै राम गोबिंद

गुन सारं. एक अन्य पद में वह कहते हैं– हम अपराधी नीच घरि जनमे, कुटुंब लोग करै हांसी रे। कहै रैदास राम जपि रसना, काटै जम की फांसी रे।। एक पद में तो वह इतना तक कहते हैं– जाति ओछा पाती ओछा ओछा जनमु हमारा। राजा राम की सेव ना कीनी कहि रविदास चमारा।।

लेकिन संत रैदास जी के संपूर्ण भक्तिमय काव्य को देखकर इसका अंदाजा सहज ही हो जाता है कि अपनी जाति का वर्णन वह अपनी भावप्रवणता में अपने आराध्य के प्रति भक्तिविभोर होकर ही करते हैं। न कि किसी आत्महीनता या सामाजिक द्रोहभाव के वशीभूत होकर। आत्माराम के प्रति भक्तिपूर्ण समर्पण और आत्मविवेक की चेतना के अलावा अन्य कोई भाव उनकी बानी में नहीं उतरता। 'प्रभुजी तुम चंदन हम पानी' जैसे उनके भजनों में डूबकर ऐसा लगता है, मानो उन्हें इस तरह की उपमा ढूंढ़नी नहीं पड़ती, वे उन उपमाओं में स्वयं को उसी रूप में देख रहे होते हैं और उनकी बानी में वह स्वतः व्यक्त हो जाती है।

रैदासजी की यही बालसुलभ निश्छलता, सहजता और सरलता उन्हें उनके आराध्य से ऐसे जोड़े रखती है, जैसे वे कभी उनसे अलग हों ही नहीं, और इसलिए अपनी जाति की चर्चा भी वे सायास नहीं करते। वे अपने आराध्य के साथ लगातार भावपूर्ण संवाद में जब जितनी निकटता पाते हैं, जितना खुलते हैं, जितना विनम्र होते हैं, उनसे इसका जिक्र हुआ चला जाता है। एकबार तो वे गोपीवत प्रेम में डूबकर अपने कृष्ण से कहते हैं–

"कहै रैदास सुनिं केसवे अंतहकरन बिचार।

तुम्हारी भगति कै कारनैं फिरि ह्वै हौं चमार।।"

(रैदास कहता है कि हे केशव, मेरे अंतः करण की बात सुनो तुम्हारी भक्ति की खातिर मुझे एक बार फिर से चमार बनने दो।)

तभी तो सिखों के चौथे गुरु रामदास ने कहा– साधू सरणि परै सो उबरै खत्री ब्राहमणु सूदु वैसु चंडालु चंडईआ। नामा जैदेउ कबीरु त्रिलोचनु अउजाति रविदासु चमिआरु चमईआ।। (आदि ग्रंथ, अंग–835 / 6)

यानी साधुओं की शरण में जो जाता है वह मुक्ति पाता है, चाहे वह क्षत्रिय हो, ब्राह्मण हो, शूद्र हो या वैश्य हो, या कथित अछूत से अछूत ही क्यों न हो। जैसे नामदेव, जयदेव, कबीर, त्रिलोचन और कथित नीच जाति के रविदास चमार।

और पांचवें गुरु अर्जन देव ने तो रैदास का ईश्वर तत्व में घुलकर एकाकार ही हो जाने की महिमा का इस तरह गान किया– भलो कबीरु दासु दासन को ऊतमु सैनु जनु नाई। ऊच ते ऊच नामदेउ समदरसी रविदास ठाकुर बणि आई।। (आदि ग्रंथ, अंग–1207/1) यानी कबीर तो भले हैं, दासों के दास हैं। विनम्र नाई सैन भी उत्तम हैं। नामदेव तो ऐसे उत्तमोत्तम हैं जिन्हें सब एक समान दिखाई देता है, और रविदास तो ईश्वर के साथ एकाकार ही हैं।

एक और भी बात हुई। कई संतों ने संत रैदास को पूर्व जन्म का ब्राह्मण माना। भक्त कवि नाभादास ने भी अपने ग्रंथ 'भक्तमाल' में रैदास जी को पिछले जन्म का ब्राह्मण घोषित किया। यह भी कहा गया कि वे चूंकि उन्होंने अपने पिछले जन्म में मांस–भक्षण किया था, इसलिए इस जन्म में उन्हें कथित 'अछूत' के घर जन्म लेना पड़ा। संत श्री गुरुदास लिखते हैं– 'पूरब जन्म विप्र ही होता, मांस न छाड़यो निस दिन श्रोता। तिहि अपराधि नीच कुल दीना, पाछला जनम चीन्ही तिन लीना।।'

हालांकि यह स्पष्ट है कि संत रैदास की सिद्धि, प्रसिद्धि और लोकप्रियता देखकर ही उन्हें पिछले जन्म का ब्राह्मण माना जाने लगा होगा। एक ऐसा समाज जो किसी समय कथित 'अछूतों' को पूजा–उपासना तो दूर पढ़ने–लिखने तक का अधिकार नहीं देता था, वही समाज एक 'अछूत' को अराध्य संत के रूप में उदारता से स्वीकार भी कर लेता है।

परवर्ती संतों ने जहां–जहां भी संतों की महिमा का गान किया है वहां रैदास की भक्ति का ऐसा चित्रण किया है मानो रैदास हमेशा अपने आराध्य में विलीन ही रहते थे। ऐसी भक्ति उनमें प्रवेश कर गयी थी कि सबको लगता मानो स्वयं रैदास ही भक्ति में प्रवेश कर गए हों। दादू दयाल एक स्थान पर कहते हैं– दादू कहां लीन शुकदेव था, कहां पीपा रैदास।। दादू साचा क्यों छिपे, सकल लोक परकास।।

और दादू के अग्रणी शिष्य रज्जब जो जन्म से मुस्लिम थे, उन्होंने रैदास के बारे में कहा– आदि जयदेव आत रैदास, भाव भक्ति कटै कर्म फास। भक्ति का जो प्रकाश रैदास को मिला वह रैदास के व्यक्तित्व में ही समा गया था। इसे रज्जब ने आगे एक स्थान पर कहा– आदि मिली जयदेव को, रैदास समानी, सो दादू घर पैठियो, क्यों रहै निमानी।

स्वयं रैदास जी एक ऐसे युग में हिन्दू–मुसलमानों को एक साथ एक ही तत्व को ईश्वर मानने की सीख देते हैं जब उनके बीच घनघोर वैमनस्यता थी और अपने धर्म के बारे में अपेक्षाकृत अधिक सतर्क मुस्लिम शासक देश पर शासन कर रहे थे। रैदास कहते हैं–

'कृष्ण–करीम, राम–हरि–राघव, जब लग एक न पेषा।
वेद–कतेब–कुरान–पुरानन सहज एक नहिं वेषा।।'

आगे लिखते हैं–

'मन्दिर मस्जिद एक है, इन मंह अंतर नाहिं।
रैदास राम रहमान का, झगड़ऊ कोऊ नाहिं।।
रैदास हमारा राम जोई, सोई है रहमान।
काबा कासी जानि यहि, दोऊ एक समान।।'

एक स्थान पर तो हिन्दू और मुसलमानों की तुलना 'कनक' और 'कंगन' से करते हुए कहते हैं–

'रैदास कंगन और कनक महिं, जिमि अंतर कछु नाहिं।
तैसउ ही अंतर नहीं, हिन्दुअन, तुरकन मांहि।।'

संत कबीर ने जब कहा होगा कि 'जाति न पूछो साधु की पूछ लीजिए ज्ञान' तो कहीं न कहीं उन्होंने यह भी संदेश दिया था कि साधुता हासिल करने के बाद कोई व्यक्ति किसी जाति का नहीं रह जाता, और इसलिए उन्होंने आगे भी कहा था कि साधुता हासिल करने के लिए भी तुम्हें सबसे पहले अपने जातिभाव से मुक्त होना पड़ेगा, चाहे तुम कथित ब्राह्मण हो या वैश्य।

उनके शब्दों में– जाति बरन कुल खोय के, भक्ति करै चितलाय। कहैं कबीर सतगुरु मिलै, आवागमन नशाय।। और यह भी कि 'भक्ति करै कोई सूरमा, जाति बरन कुल खोय।'

सन् 1560 के आस–पास ओरछा में जन्म से ब्राह्मण नामधारी एक संत हुए। नाम था हरिराम व्यास। संतत्व हासिल करते ही स्वाभाविक रूप से उनकी जाति की भावना चली गई। उन हरिराम व्यास ने अपनी एक साखी में जब रैदास के बारे में लिखा तो क्या खूब लिखा– व्यास बड़ाई छाड़ि कै, हरि चरणा चित जोरि. एक भक्त रैदास पर, वारूं ब्राह्मण कोरि. जन्म से कथित ब्राह्मण हरिराम व्यास तो एक भक्त रैदास पर लाखों ब्राह्मण को वारने पर उतारू हो गए। इतना ही नहीं उन्होंने आगे भी रैदास को अपना सगा घोषित करते हुए कहा– 'इतनौ है सब कुटुम हमारौ, सैन धना अरु नामा पीपा और कबीर रैदास चमारौ। '

रैदास के लिए तो आध्यात्मिक साधना के अधिकार के मामले में स्त्री–पुरुष के लिए प्रचलित भेद तक न रहा। उनके शिष्यों से अधिक तो उनकी शिष्याएं ही नामवती हुईं देखी जाती हैं। किसी ने जमना रैदासिनी के बारे में लिखा है, तो किसी ने चितौड़ की रानियों, चाहे वे रानी झाली हों या उनकी बहू मीरा बाई के साथ उनके गुरुवत् संबंधों के बारे में लिखा है। किसी ने तो परभुता नाम की एक शिष्या की भी चर्चा की है, जिन्हें कुछ लोग उनकी पत्नी भी बताते हैं।

इसलिए चाहे वे चित्तौड़ की रानियां हों, चाहे ओरछा का ब्राह्मण हरिराम व्यास हो, चाहे रज्जब मुसलमान हो या गुरु रामदास और गुरु अर्जन देव जैसे सिख गुरु हों, सबने एक स्वर में रैदास चमार को अपना सगा, अपना गुरु और अपने आराध्य तक की श्रेणी में रखा है। रैदास के द्वारा और रैदास के ऊपर कहे गए पदों में जन्मना जाति की चर्चा तो है, लेकिन जाति कहीं नहीं है।

वहां जाति अप्रासंगिक हो चुकी है। 'एक नूर से सब जग उपजा' की भावना लिए ये सब फिर से उसी नूर से प्रकाशित हो उसमें खो जाना चाहते हैं. जिसने भी उस नूर से फिर से एकत्व हासिल कर लिया, वह बाकी जगत के लिए सार्वजनीन हो गया। उसकी पहचान का आधार

उसकी जाति और उसका नाम नहीं रहा। कम से कम उसके स्वयं के लिए तो नहीं ही रहा। बाकियों के लिए भी वह केवल एक सुविधा के रूप में रहा। तभी तो एक ही रैदास के कितने नाम सबने अपनी–अपनी सुविधा से अपनाए। वह अलग–अलग नामों में भी एक और सार्वजनीन रहे।

3

मनुष्यता के सर्जक रैदास

संत रैदास न तो स्वयं ईश्वरवादी थे और न उनकी भक्ति किसी ईश्वर के लिए थी। उन्होंने ईश्वर को कर्मकांडों, सामंती मूल्य–मान्यताओं, ब्राह्मणवादी वेदों की सीमाओं को पार बताया है। जो सबका हित साधक है, करूणामय और मुक्तिदाता है। उसे राम या हरि किसी भी नाम से पुकारा जा सकता है। उनका ईश्वर व्यक्तिवादी धारणा या अवतावादी की धारणा से मुक्त है।

उनके लिए पंडित–पुरोहितों या मुल्लाओं और मंदिर, मस्जिदों की आवश्यकता नहीं। दलित समुदाय धर्म और ईश्वर के नाम पर इन्हीं शोषकों के प्रपंचों का शिकार रहा है। इन प्रपंचों से मुक्ति के लिए रैदास ने ईश्वर की व्यक्तिवाची धारणा के विरूद्ध निर्गुणवाद का प्रचार किया। उन्होंने बताया कि परमात्मा ऊपर नहीं है। वह तो हम सबमें मौजूद हैं। अपने अंदर के परमात्मा को ही खोजने की जरूरत है। इसके लिए प्रार्थनाओं की नहीं, पूजा–अर्चना की नहीं बल्कि ध्यान की जरूरत है।

रैदास गुफा में बैठकर साधनादि करके केवल अपने मोक्ष का प्रबंध करने वाले एकांगी संत न थे, वरन उनकी साधना की मूलभूत मान्यता ही लोक का कल्याण थी। वे उस व्यक्ति को ही साधु मानने को तत्पर थे जिनके कार्यों के द्वारा लोक का कल्याण हो, वे कहते हैं –

"सब सुख पावैं जासु ते, सो हरि जू के दास।

कोऊ दुख पावै जासु ते सो न दास हरिदास।।"

रैदास ने ऊँच–नीच की भावना तथा ईश्वर–भक्ति के नाम पर किये जाने वाले विवाद को सारहीन तथा निरर्थक बताया और सबको परस्पर मिलजुल कर प्रेमपूर्वक रहने का उपदेश दिया। उन्होंने कर्मकांड, मूर्तिपूजा, वेद पूजा, जातिगत भेद–भाव आदि पर करारी चोट की है। कहते हैं:–

"जाति–जाति में जाति हैं, जो केतन के पात।

रैदास मनुष ना जुड़ सके जब तक जाति न जात।।"

तत्कालीन समाज में चले आ रहे हिंदु–मुस्लिम सांस्कृतिक संघर्ष को भी रैदास अच्छी दृष्टि से नहीं देखते थे। उन्होंने उन दोनों ही धर्मों, उनके इष्ट में एक मूलभूत समता मानकर पारस्परिक सौहार्द का संदेश दिया। उन्होंने स्पष्ट कहा –

"कृष्ण, करीम, राम, हरि, राघव, जब लग एक न पेषा।

वेद कतेब कुरान, पुरानन, सहज एक करि भेषा।।"

(वस्तुतः उस सामाजिक तनाव के युग में यह एकता का अभूतपूर्व संदेश था)

उनका विश्वास था कि ईश्वर की भक्ति के लिए सदाचार, परहित – भावना तथा सद्व्यवहार का पालन करना अत्यावश्यक है। अभिमान त्याग कर दूसरों के साथ व्यवहार करने और विनम्रता तथा शिष्टता के गुणों का विकास करने पर उन्होंने बहुत बल दिया। अपने एक भजन में उन्होंने कहा है –

"कह रैदास तेरी भगति दूरि है, भाग बड़े सो पावै।

तजि अभिमान मेटि आपा पर, पिपिलक हवै चुनि खावै।"

आशय है कि ईश्वर की भक्ति बड़े भाग्य से प्राप्त होती है। अभिमान शून्य रहकर काम करने वाला व्यक्ति जीवन में सफल रहता है जैसे कि

विशालकाय हाथी शक्कर के कणों को चुनने में असमर्थ रहता है, जबकि लघु शरीर की चींटी इन कणों को सरलतापूर्वक चुन लेती है। इसी प्रकार अभिमान तथा बड़प्पन का भाव त्याग कर विनम्रतापूर्वक आचरण करने वाला मनुष्य ही ईश्वर का भक्त हो सकता है।

रैदास के पद

अब कैसे छूटै राम नाम रट लागी।

प्रभु जी, तुम चंदन हम पानी, जाकी अँग–अँग बास समानी।

प्रभु जी, तुम घन बन हम मोरा, जैसे चितवत चंद चकोरा।

प्रभु जी, तुम दीपक हम बाती, जाकी जोति बरै दिन राती।

प्रभु जी, तुम मोती हम धागा, जैसे सोनहिं मिलत सुहागा।

प्रभु जी, तुम स्वामी हम दासा, ऐसी भक्ति करै रैदासा।

प्रभु! हमारे मन में जो आपके नाम की रट लग गई है, वह कैसे छूट सकती है? अब मै आपका परम भक्त हो गया हूँ। जिस तरह चंदन के संपर्क में रहने से पानी में उसकी सुगंध फैल जाती है, उसी प्रकार मेरे तन मन में आपके प्रेम की सुगंध व्याप्त हो गई है। आप आकाश में छाए काले बादल के समान हो, मैं जंगल में नाचने वाला मोर हूँ। जैसे बरसात में घुमड़ते बादलों को देखकर मोर खुशी से नाचता है, उसी भाँति मैं आपके दर्शन को पा कर खुशी से भावमुग्ध हो जाता हूँ। जैसे चकोर पक्षी सदा अपने चंद्रमा की ओर ताकता रहता है उसी भाँति मैं भी सदा आपका प्रेम पाने के लिए तरसता रहता हूँ।

हे प्रभु! आप दीपक हो और मैं उस दिए की बाती जो सदा आपके प्रेम में जलता है। प्रभु आप मोती के समान उज्ज्वल, पवित्र और सुंदर हो और मैं उसमें पिरोया हुआ धागा हूँ। आपका और मेरा मिलन सोने और सुहागे के मिलन के समान पवित्र है।

जैसे सुहागे के संपर्क से सोना खरा हो जाता है, उसी तरह मैं आपके संपर्क से शुद्ध हो जाता हूँ। हे प्रभु! आप स्वामी हो मैं आपका दास हूँ।

ऐसी लाल तुझ बिनु कउनु करै।
गरीब निवाजु गुसाईआ मेरा माथै छत्रु धरै।।
जाकी छोति जगत कउ लागै ता पर तुहीं ढरै।
नीचउ ऊच करै मेरा गोबिंदु काहू ते न डरै।।
नामदेव कबीरू तिलोचनु सधना सैनु तरै।
कहि रविदासु सुनहु रे संतहु हरिजीउ ते सभै सरै।।

हे प्रभु! आपके बिना कौन कृपालु है। आप गरीब तथा दिन–दुखियों पर दया करने वाले हैं। आप ही ऐसे कृपालु स्वामी हैं जो मुझ जैसे अछूत और नीच के माथे पर राजाओं जैसा छत्र रख दिया। आपने मुझे राजाओं जैसा सम्मान प्रदान किया। मैं अभागा हूँ। मुझ पर आपकी असीम कृपा है। आप मुझ पर द्रवित हो गए। हे स्वामी आपने मुझ जैसे नीच प्राणी को इतना उच्च सम्मान प्रदान किया। आपकी दया से नामदेव, कबीर जैसे जुलाहे, त्रिलोचन जैसे सामान्य, सधना जैसे कसाई और सैन जैसे नाई संसार से तर गए। उन्हें ज्ञान प्राप्त हो गया। अंतिम पंक्ति में रैदास कहते हैं – हे संतों, सुनो! हरि जी सब कुछ करने में समर्थ हैं। वे कुछ भी सकते हैं।

आज आमजनों को लोग राह से भटकाकर स्वार्थवश उनका उपयोग करते हैं, इसलिए हमें विवेकवान बनना चाहिए। रैदास कहते हैं–

"तू खुद रहबर है, खुद बाँगे–जरस है, खुद ही मंजिल है।
मुसाफिर! फिर यह तकलीदे–अमीरे–कारवाँ कब तक।।"

आशय है कि, कब तक तुम दूसरों के पीछे चलते रहोगे? यह कारवाँ को राह दिखाने वाले लोगों के पीछे तुम कब तक चलते रहोगे? इन्हें खुद भी पता नहीं ये कहाँ जा रहे हैं। इनकी आँखों में झाँको, कोई दीये वहाँ जलते हुए नहीं। इनके प्राणों में तलाशो, कोई गंध वहाँ उठती हुई नहीं, कोई सुगंध नहीं। ये खुद ही नहीं खिले। इनके आश्वासनों में मत पड़ो। ये आश्वासन देने में कुशल हैं।

रैदास की साखियाँ

हरि सा हीरा छाड़ि कै, करै आन की आस ।

ते नर जमपुर जाहिंगे, सत भाषै रैदास ।।1।।

अंतरगति राचौं नहीं, बाहर कथैं उदास ।

ते नर जम पुर जाहिंगे, सत भाषै रैदास ।।2।।

नीचहु ऊंच करै मेरा गोबिंदु काहू ते न डरै।।

कवि का कहना है कि ईश्वर हर कार्य को करने में समर्थ हैं। वे नीच को भी ऊँचा बना लेता है। उनकी कृपा से निम्न जाति में जन्म लेने के उपरांत भी उच्च जाति जैसा सम्मान मिल जाता है।

प्रभुजी तुम संगति सरन तिहारी।

जग–जीवन राम मुरारी।

ऐसे तो तुम सब जगह व्याप्त हो, सारे जग का जीवन हो। तुम्हीं हो राम, तुम्हीं हो कृष्ण। तुम्हारे ही सारे रूप हैं। लेकिन उसी को दिखाई पड़ते हो तुम, जो अपने को मिटा लेता है – जो शरणागति का सार समझ लेता है।

गली–गली को जल बहि आयो, सुरसरी जाय समायो।

संगति के परताप महातम, नाम गंगोदक पायो।।

नाली का जल भी जब गंगा में मिलता है तो कुछ भेद नहीं रह जाता, गंगा उसे पवित्र कर लेती है। संगति का महातम! संगति का महत्व! जिसके साथ जुड़ जाओगे वही हो जाओगे। सदगुरु के पास बैठते–बैठते तुम्हारे भीतर रोशनी हो जाएगी।

रैदास के जीवन की छोटी–छोटी घटनाओं से समय तथा वचन के पालन संबंधी गुणों का ज्ञान होता है। एक बार एक पर्व के अवसर पर पड़ोस के लोग गंगा–स्नान के लिए जा रहे थे। रैदास के शिष्यों में से एक ने उनसे भी चलने का आग्रह किया तो वे बोले, "गंगा–स्नान के

लिए मैं अवश्य चलता किंतु एक व्यक्ति को आज ही जूते बनाकर देने का मैंने वचन दे रखा है। यदि आज मैं जूते नहीं दे सका तो वचन भंग होगा। गंगा स्नान के लिए जाने पर मन यहाँ लगा रहेगा तो पुण्य कैसे प्राप्त होगा? मन जो काम करने के लिए अंतःकरण से तैयार हो वही काम करना उचित है। मन सही है तो इस कठौती के जल में ही गंगास्नान का पुण्य प्राप्त हो सकता है।" कहा जाता है कि इस प्रकार के व्यवहार के बाद से ही कहावत प्रचलित हो गई कि – "मन चंगा तो कठौती में गंगा।"

रैदास का जीवन और काव्य इस तरह घुला–मिला है, जैसे चंदन और पानी मिल जाता है। "प्रभु जी तुम चंदन हम पानी" गाने वाले रैदास का व्यक्तित्व भले ही कबीर की तुलना में विनम्र और साधु लगता हो पर वैचारिक दृढ़ता में सिर्फ रैदास हैं जो कबीर से होड़ लेते हैं। रैदास अपनी साधना में मन के चंगा होने की बात करते हैं। यदि मन पवित्र है तो सामने की कठवत का पानी गंगा की तरह पवित्र है। रैदास जिस समय और समाज में हुए थे उसमें मनुष्य के श्रम को अवमानित किया जाता था जो जितना ही उपयोगी श्रम करता, वह सामाजिक ढाँचे में उतना ही हीन माना जाता था। उन्होंने अपनी मानसिक और वैचारिक दृढ़ता से श्रम को प्रतिष्ठा दी। "जहं–जहं दोलउ सोई परिकरमा जो कुछ करौं सो पूजा"।

वह अपने भक्तों को श्रम करके अपना पालन–पोषण करने का संदेश देते हैं। हमारे समाज में अकर्मण्य साधुता का प्रचलन रहा है इसके बरक्स रैदास श्रमशील साधुता का आह्वान करते हैं। वह कहते हैं कि "ईश्वर ने इंसान बनाया है ना कि इंसान ने ईश्वर बनाया है" अर्थात इस धरती पर सभी को भगवान ने बनाया है और सभी के अधिकार समान हैं। इस सामाजिक परिस्थिति के संदर्भ में, संत रविदास ने लोगों को वैश्विक भाईचारा और सहिष्णुता का ज्ञान दिया। उनका साहित्य वर्ण आधारित श्रेष्ठताक्रम को चुनौती देता है। वर्ण व्यवस्था सामाजिक श्रम के अपहरण का एक रूप है इसलिए श्रम की सामाजिक प्रतिष्ठा का जो संदेश रैदास की कविता और जीवन से मिलता है, वह आज भी हमारे समाज की परम कामना है। हमारी अविकसित सामाजिक चेतना मानवीय

श्रम और श्रमशील जनता को गरिमा और सम्मान देने के लिए तैयार नहीं है।

अंत में कहा जा सकता है कि, संत रैदास की विचारधारा आज भी प्रचलित सामाजिक अंतर्विरोधों एवं समस्याओं का समाधान निकालने में एक सीमा तक सहयोग दे सकती है। उनकी वाणी में दीन हीन और शोषितों के प्रति एक विकल पीड़ा, अपमान के विरूद्ध समाधान में प्रतिपल घुटन तथा समस्याओं के प्रति एक जागरूक दृष्टि थी तथा वे वह यह भली प्रकार जानते थे कि पुरातनता से किस प्रकार ग्रहण किया जाये, परंपरा को किस स्थान तक सुरक्षित रखा जाये और नवीन परिस्थितियों के अनुरूप किस प्रकार मार्ग बनाया जाए। उनके काव्य में वर्ण–व्यवस्था से उत्पन्न भेदभाव तथा कर्मकांड के प्रति गहरा क्षोभ अभिव्यक्त हुआ है।

उन्होंने तमाम तरह का वैषम्य और दुख–दर्द स्वयं भोगा था इसीलिए उनकी अभिव्यक्ति में सत्य और अनुभूति का बल है। सामाजिक जीवन में हर प्रकार के द्वैत को अस्वीकार करने वाले कवि के अनुसार भक्ति का धरातल प्रेम का धरातल है। उन्होंने अपने आचरण तथा व्यवहार से यह प्रमाणित कर दिया है कि मनुष्य अपने जन्म तथा व्यवसाय के आधार पर महान नहीं होता है। विचारों की श्रेष्ठता, समाज के हित की भावना से प्रेरित कार्य तथा सदव्यवहार जैसे गुण ही मनुष्य को महान बनाने में सहायक होते हैं। उनका जीवन और साहित्य अपने युग का ही नहीं, सदा–सर्वदा के लिए एक महन विचारक, चिंतक तथा समाज सुधार के रूप में आज की मनुष्यता के विकास के लिए मार्गदर्शक हैं। वर्तमान समय में समाज में व्याप्त विसंगतियों को देखते हुए कहा जा सकता है कि रैदास के साहित्य का पुनर्पाठ किया जाना चाहिए और शोध के माध्यम से अनछुए पहलुओं को उजागर किया जाना चाहिए।

4

संत रविदास की भक्ति–साधना

मनुष्य जीवन का चरम लक्ष्य भगवत्सान्निध्य की प्राप्ति है। इस सान्निध्य को प्राप्त करने के दो मार्ग हैं– निवृत्ति और प्रवृत्ति। निवृत्ति का अर्थ है– प्रतिकूल प्रवृत्तियों की निवृत्ति करके विवेक द्वारा अनात्म का त्याग करके भगवान का सान्निध्य प्राप्त करना और उसका साक्षात्कार करना। प्रवृति मार्ग का अर्थ है– शरीर की स्वाभाविक तीव्र प्रवृत्तियों द्वारा भगवान को प्राप्त करना, अर्थात सभी सांसारिक विषयों का भगवदार्पण कर देना।

भगवद् प्राप्त के चार मार्ग हैं –

1 ज्ञान मार्ग

2 कर्म–मार्ग

3 योग–मार्ग

4 भक्ति मार्ग।

इन चारों मार्गों में से भक्ति को ही सुलभ बताया गया है।

''अन्यस्मात् सौलभ्यं भक्तों''– भक्ति सूत्र – 58

भारतीय दर्शन की परम्परा बड़ी गहरी है। जिसमें वैज्ञानिकता और

विश्वास दोनों एकत्र दिखाई देते हैं। सूरदास ने अपने दर्शन में कहीं सत्य ही कहा है कि भक्ति अपार श्रद्धा एवं अंधविश्वास मांगती है। परन्तु भारतीय दर्शन में वैज्ञानिकता की कसौटी पर भक्ति को कसा गया है। सगुण और निर्गुण दो परम्पराओं में सगुण का सीधा संबंध भक्ति से है। भारतीय दर्शन की दीर्घ परम्परा में भक्ति का अपना अलग स्थान है। जिसे विभिन्न सम्प्रदायों ने अपने–अपने ढ़ंग से अभिव्यक्त किया है।

'दशधा' और 'नवधा' भक्ति की पहचान भारतीय दर्शन में पृथक ही प्रतीत होती है। रामानन्द और रामानुजाचार्य भक्ति–दर्शन के प्रतीक माने जाते हैं। 'नारदीय भक्ति सूत्र' के सूक्त में भक्ति पद्धति को सविस्तार व्याख्यायित किया गया है। भारतीय धर्म–साधना के इतिहास में भक्ति–मार्ग का विशिष्ट स्थान है।

यद्यपि सहिंता भाग के रचना–काल तक उसके अस्तित्त्व का कोई परिचय नहीं मिलता। वैदिक युग में यज्ञ अथवा कर्मकाण्ड के माध्यम से धर्मानुष्ठान हुआ करते थे, तत्कालीन समय में वही भक्ति थी। मोनियर विलियम्स के अनुसार 'भक्ति' शब्द की व्युत्पत्ति 'भज' से की जा सकती है। श्रद्धा उपासना से विकसित होकर उपास्य देव के ऐश्वर्य में भाग लेना–(भज– भाग लेना) ही भक्ति है।

'भक्ति' से अभिप्रायः है सेवा का प्रकार। 'शाडिल्य भक्ति सूत्र' में भगवान के प्रति परम अनुरक्ति को भक्ति बताया गया है।

''सा परानुरक्तिरीश्वरे'' – शांडिल्य सूत्र।"

वैसे भक्ति का सर्वप्रर्थम उल्लेख 'श्वेताम्बर उपनिषद' में मिलता है। 'भगवत पुराण' में भक्ति का महत्त्व अनेक स्थलों पर दिया गया है। कलियुग में भक्ति को ही प्रभुसाधना का आधार बताया गया है।

'अनन्य भाव से भगवान पर आश्रित रहना ही भक्ति है' ''भगवान की कृपा के बिना अन्य कोई सहारा न हो – यह अनन्य भक्ति है।'' कल्याण प्राप्ति के जितने भी साधन है उनमें भक्ति श्रेष्ठ है।

''भगवान के भजन का नाम ही भक्ति है।'' यहॉ भजन से अभिप्राय – सेवा करना है। वास्तव में हमारा आकर्षण भगवान के प्रति ही है परन्तु

नाशवान पदार्थों को महत्त्व देने से वह आकर्षण संसार में हो जाता है। जैसे गंगाजल इतना पवित्र है कि उसका स्पर्श करने से सैंकड़ों जन्मों के पाप नष्ट हो जाते हैं। परन्तु वर्षा ऋतु में जल बढ़ने के बाद जब गंगा जी का जल घटता है, तब उसका कुछ जल गड्ढों में रह जाता है। गड्ढों का वह जल (गंड़ोज्झ) कहलाता है, जो मदिरा के समान है। कारण कि वह गंगा जी से विमुख है या गंगा ने उसका त्याग कर दिया है। हम अपना कलश गंगा जी से भरते हैं तो वह अशुद्ध नहीं है क्योंकि गंगा ने उसका त्याग नहीं किया है। ऐसे ही भगवान परम पवित्र है– ''पवित्र परमं भवान।''

देवर्षि नारद ने भी नारदीय भक्ति सूत्र में भक्ति के विषय में कहा कि ''सा त्वस्मिन् परप्रेमअपा'' अर्थात एक परमेश्वर में अतिशय प्रेम रूपता ही भक्ति है।'' 'अमृतस्वरूपा च'' और वह अमृत रूप है'' भक्ति से भगवान के दर्शन भी हो सकते हैं– यह भक्ति की विशेषता है। रामायण में भी भक्ति की विशेष महिमा बतायी गयी है। उसमें ज्ञान को तो 'दीप' की तरह बताया गया है, पर भक्ति को 'मणि' की तरह कहा गया है।

दीपक को जलाने के लिए तो घी, बत्ती, आदि की जरूरत होती है और हवा लगने से वह बुझ भी जाती है, पर मणि के लिए न घी, बत्ती आदि की जरूरत है और न ही वह हवा से वुझती है। जो भक्ति ज्ञान के द्वारा बड़ी कठिनाई से प्राप्त होती है वही भगवान का भजन करने से बिना इच्छा अपने आप ही प्राप्त हो जाती है।

'मानस' के 'उतरकाण्ड मे स्पष्ट है –

''अति दुर्लभ केविल्य परमपद। संत पुरान निगम आगम बढ़।।

राम भजन सोई मुकुति गोसाईं। अनइच्छित आवर बरिआई।।

'भक्ति' वह भावधारा है जो मनुष्य को भगवान के प्रति पूर्णतः समर्पित होने के लिए प्रेरित करती है। भक्ति के दो भेद हैं– वैधी भक्ति और प्रेमा भक्ति। वैधी भक्ति विधि–विधानों से इतनी भरी रहती है कि इसमें अनेक प्रकार की जटिलताएं आ जाती है इसलिए संतों ने वैधी

भक्ति का खण्डन करके प्रेमा भक्ति को उपयोगी माना है। क्योंकि प्रेमा भक्ति में वैधी भक्ति की भॉति विधि– विधानों की जटिलता नहीं होती वरन सहज भावनाओं की सरलता और सरसता होती है।

भारतीय दर्शन कर्मवाद की प्रतिष्ठा करता है। यही प्रतिष्ठा भारतीय जन–जीवन की प्रेरणा का मूल स्त्रोत है। भगवत्कृपा के लिए जहॉ पूर्वजन्म के कर्मों का योग रहता है, वहीं वर्तमान काल के कर्म भी महत्वपूर्ण होते हैं। जब तक भगवत्कृपा नहीं होती, तब तक व्यक्ति का मार्ग निर्देशन करने में सच्चा गुरू नहीं मिल पाता।

संत शब्द का सीधा सा अर्थ है–सदा वने रहने वाला। यह शब्द एक बचन के रूप में प्रयुक्त होता है। इस प्रकार संत शुद्ध अस्तित्त्व का द्योतक है। जो नित्य, सनातन परमब्रह्मा या परमतत्त्व के लिए सम्भव माना जा सकता है। जिसका कभी, किसी युग में भी विनाश न हो, जो हर युग के परिवर्तन के साथ भी बना रहे, वही जो एक रस हो तथा जिसे सत्य के समरूप माना जाए वही संत है।

परोपकारी, सज्जनता एवं सदाचारी तथा सत्बुद्धि व्यक्तित्त्व के लिए संत शब्द का प्रयोग किया जाता है। यह संत शब्द परमब्रह्म या उस अज्ञात सत्ता का द्योतक है।

संत साहित्य हिंदी साहित्य के इतिहास में साहित्य का किरीट स्वरूप है। संतो की सुधा वाणीमात्र ही संसारिक त्रितायों दैहिक, दैविक एवं भौतिक तापों से मुक्ति दिला सकती है।

संतों का अविर्भाव भारतीय हिंदी साहित्य में ऐसे समय पर हुआ, जब भारतीय जनमानस निराशा एवं दिशाहीनता के दलदल में फंसा था। तत्कालीन समय के विद्रूप स्वरूप से त्रस्त मानव जीवन के लिए सन्तो की वाणी प्रेरणास्त्रोत एवं अमृत तुल्य रही है। संत साहित्य का यद्यपि हिन्दी साहित्य के इतिहास में महत्त्वपूर्ण स्थान है। यह साहित्य महान होते हुए भी अपने आप में आज तक भी अपूर्ण समझा जाता है। क्योंकि संतो के साहित्य की उपलब्ध अपूर्ण सामग्री के कारण श्रद्धा के पात्र कई संत आज भी उपेक्षणीय है। मेरी दृष्टि में इसका सर्वप्रथम कारण यही है कि इनकी मौलिक वाणी का प्रर्याप्त रूप में सहजता से

उपलब्ध न हो पाना। इन मध्यकालीन उपेक्षणीय संतो में संत रविदास भी प्रमुख है।

संत रविदास उन भक्तों एवं संतों की श्रेणी में गिने जाते हैं, जिन्होने यद्यपि भक्ति के क्षेत्र में कोई पृथक विचारधारा नहीं दी परन्तु अपने मौलिक गुणों के कारण उन्हे अन्य संतों एवं भक्तों से पृथक देखा जा सकता है। भारतीय दर्शन एवं वेदों में ही सर्वप्रथम भक्ति के दर्शन होते हैं, वहीं भक्तिधारा मध्ययुगीन भक्त एवं संत कवियों के काव्य में प्रकट होती है। मध्यकालीन संतों में जहॉ कबीर, दादू, ज्ञानेश्वर का नाम बड़ी श्रद्धा से लिया जाता है वहीं संत शिरोमणि गुरू रविदास जी को भी अंत्यंत श्रद्धा एवं सम्मान के साथ संत सहित्य में प्रतिष्ठा मिली है। वस्तुतः कबीर जैसे उद्‌भट्‌ट, फक्कड़ संतों की वाणी के प्रति विद्‌वानों का ध्यान इसलिए अधिक गया क्योंकि उनकी वाणी शीघ्र उपलब्ध हो गई तथा कबीर का स्तर संत रविदास की तुलना में अधिक कठोर एवं कर्कश था जबकि संत रविदास की वाणी न तो उपलब्ध थी और न हीं

वह कबीर की तरह अपनी बात को कठोरता से कहने के पक्षधर थे। खण्डन–मण्डन उन्हे पसंद नहीं था। यही कारण है कि उन्हे भक्त एवं संत शिरोमणि की उपाधि से सम्मानित किया गया।

संत रविदास का प्रादुर्भाव मध्यकालीन समाज के लिए एक वरदान कहा जा सकता है क्योंकि वह समाज हर दृष्टि से पतनोन्मुखी था। स्वयं निम्न जाति में उत्पन्न होकर वे उच्च जाति के लिए प्रकाश का स्तम्भ वने। उन्होने निम्नवर्ग को केवल उभारा ही नहीं बल्कि उस पथ पर भी अग्रसर किया और मुसलमान धर्म निम्न जातियों को आरक्षण दे रहा था तो उधर हिन्दु समाज को एक जुट करना सरल कार्य नहीं था, जिसे संत रविदास जी ने पूरा किया।

संत गुरू रविदास की भक्ति–भावना वेदों, शास्त्रों, उपनिषद एवं गीता जैसे हमारे पुरातन धार्मिक ग्रंथों से प्रेरित हैं। सभी पहुॅचे हुए संत महात्माओं की भांति संत रविदास का भी यहीं संदेश है कि परमात्मा–आत्मा एक है। वह संसार में कोई नया धर्म या सम्प्रदाय बनाने के लिए नहीं आते बल्कि आवागमन के चक्र में पडे और मालिक से बिछुड़े जीवों को

जन्म–मरण के बंधन से मुक्त करवाने और उन्हे परमात्मा से मिलाने के लिए आते हैं। संत रविदास की भक्ति नवधा भक्ति से प्रभावित है। उनके काव्य में श्रवण भक्ति, कीर्तन, सुमिरन, नाम भक्ति, पादसेवन, अर्चना, वन्दन, सखा सभी रूपों के उदाहरण मिल जाते हैं।

गुरू रविदास जी ने साधना मार्ग को सर्वोत्तम माना है। उनके अनुसार भक्ति सच की पहचान है। इसके विना नाचना गाना, तप, जप, दान, भ्रमवश कर्म करना इन्द्रिय–निग्रह, तप की शुद्वि के लिए मुद्राएं धारण आदि सब भ्रम एवं व्यर्थ है। संत–रविदास के अनुसार योग साधना, आहार घटाना, निद्रा साधन, वैराग्य धारण करना, मुंड मुंडाना, माला फेरना, रिद्वि–सिद्वि प्राप्त करना भक्ति नहीं बल्कि अपने में से 'मैं' तत्त्व को गवांकर निष्काम भाव से प्रभु के चरणों में आत्मसमर्पण करना ही परम भक्ति है। गुरू जी के अनुसार प्रभु से कीटभृंगी संबंध स्थापित करना तथा अपने आप में समाना ही भक्ति है।

गुरू जी की वाणी में उनकी भक्ति साधना मार्ग संबधी झुकाव स्पष्ट दृष्ठिगोचर होता है। संत रविदास ने हमें यह याद दिलाया है कि हमारा यह मानव–जीवन अनेक जन्मों के पुन्य से प्राप्त हुआ है तथा यह अवसर अत्यन्त अनमोल एवं दुर्लभ है।

परमात्मा से मिलाप होना ही इस मानव–जीवन का प्रमुख उद्देश्य है। अनन्त काल से चले आ रहे जन्म–मरण के चक्र से छुटकारा माना ही एकमात्र अवसर है।

इस प्रकार हम देखते हैं कि गुरू रविदास की भक्ति में परम्परागत सब तत्त्व मिलते हैं जिसने मध्यकालीन साहित्य के साथ रिश्ता जोड़ दिया है। उन्होने भक्ति साहित्य को देखा, परखा अनुकरण किया और फिर अपनी विचारधारा का मौलिकता पूर्ण निरूपण किया। उनकी भक्ति अनुभव स्तर पर परखी हूई भक्ति है।

गुरू जी की भक्ति वैदिक भक्ति का रिश्ता मध्यकालीन भक्ति से जोड़ती है, तोड़ती नहीं। गुरू जी ने संतों, भक्तों, मुनियों को श्रद्धा की माला में पिरोया है इसलिए उनकी भक्ति आज के समय में भी उतनी ही सार्थक है। जरूरत केवल इनकी वाणी को अमलीजामा पहनाने की है। अन्ततः स्पष्ट है कि संत रविदास संत से भी बढ़कर भक्त कवि हैं।

5

संत रविदास की वाणी में मानववाद

'मानवता और समाजवाद 'पुस्तक की प्रस्तावना में मानववाद के विषय में एस. पोपोव ने लिखा है, मानववाद एक सैद्वान्तिक विचार पद्धति के रूप में पश्चिमी यूरोप में नव – जागरण काल में सामन्तवाद के विरूद्ध जन – संघर्श के समय प्रकट हुआ। मानववाद, जिसे लैटिन "ह्यूमैनिज्म" के आधार पर यूरोप में "ह्यूमैनिज्म" कहा गया इसी युग में पन्द्रहवी और सोलहवीं सदी में सर्वमान्य हुआ। परन्तु इसके आदर्श मानव को प्रकृति की सबसे अधिक मूल्यवान देन स्वीकार करना, मानवीय परिश्रम का सम्मान, मानवीय शक्ति एवं बौद्विकता में विश्वास, मनुष्य के स्वतन्त्र का विकास का अधिकार आदि उतने ही प्राचीन है जितनी की सभ्यता। मानववाद के मुख्य स्त्रोत दास युग और बाद में सांमती युग के समाज में मनुष्यों की चेतना के रूप में देखे जा सकते हैं।

हिन्दी साहित्य कोश में मानववाद के बारे में कहा गया है "मानववादी ये मानते है कि पाश्विक एवं दैवीय गुणों के मध्य कुछ ऐसा भी है, जो पूर्ण रूप से मानवीय है और उसे नैतिकता, कला, सौन्दर्यबोध तथा अन्य आचार – विचार का माप मानना चाहिए।"

मानव की पवित्रता और सज्जन मान भाव के द्वारा मनुष्य का मूल्यांकन होता है। इससे मानव गुण न केवल अपना अपितु समस्त

मानव जाति का मार्गदर्शन करता है और मनुष्य जीवन लक्ष्य की पूर्ति से सहायक होते हैं। वेद–शास्त्रों में सेवा, दान, परहित कामना, सत्य आचरण, संतोष, अपरिग्रह आदि को आंतरिक शुचिता के लिए महत्वपूर्ण बताया है। इसलिए मनुष्य को काम, क्रोध, लोभ, मोह, ईर्ष्या वैर से रहित होकर मानवीय भावना से प्रेरित होकर हमें मानवता की सेवा करनी चाहिए।

आज कोई भी राष्ट्र मानव चिंतन की अवहेलना नहीं कर सकता। मानव चिंतन विशेष जाति–धर्म, समाज, राष्ट्र तक सीमित न रहकर विश्वव्यापी हो गया है। आज पूरा विश्व एक विश्वग्राम बन गया है। इसलिए समस्त विश्व में मानव हितों की रक्षा के लिए आवश्यक है कि व्यवस्थित चिंतन से मानवतावाद की उदघोषणा हो। संत साहित्य के सभी मर्मज्ञ इस बात से सहमत है कि भारतीय आत्मा का विकास संत साहित्य में हुआ। संत साहित्य ने न केवल तत्कालीन परिस्थितियों में व्यापक रूढ़िवादी परम्पराओं का विरोध किया अपितु समाज में आने वाली पीढ़ियों को मानवतावाद का पाठ पढ़ा कर स्वस्थ चिंतन प्रदान कर मानव – मानव में भावात्मक एकता का प्रचार किया। हिन्दी साहित्य के इतिहास में धार्मिक और सामाजिक क्षेत्र में नवीन चेतना का स्वर फैलाने का श्रेय संत रविदास को जाता है। जिसने मानव मन को संकीर्णता से मुक्त कर ऊंच–नीच, जाति, धर्म भेद, रूढिवादी परम्परा के खिलाफ आवाज उठाकर मानव चिंतन पर बल दिया। मानवतावादी वह दृष्टिकोण है। जिसमें मानव की अनुभूतियों, समाज के प्रति संवेदना, भावों, व्यक्तिगत आदर्श नीतियों, परोपकार की भावना, करूणा, मैत्री भाव आदि लक्षणों से मुक्त हो। जो ऊँच–नीच, जाति–पाति के भेदभाव को भुलाकर, अहंकार, काम, क्रोध, लोभ, मोह, वैर, परिग्रह, ईर्ष्या, निन्दा आदि विकारों को त्याग कर सभी जीव को सर्वज्ञ ईश्वर का अंश मानकर मानवकल्याण की भावना निहित हो।

भक्तिकाल में समाज मे व्याप्त विसंगतियों के दौर में मानवीय कल्याण की भावना संत परम्परा का प्रमुख लक्ष्य था। संत रविदास ने समाज में सुधार लाने की चेष्टा संत कबीर की तरह खंडनात्मक पद्धति से नहीं की अपितु विनम्रता से मानव मन की दुष्प्रवृतियों का परिष्कार

करते है, जिसके कारण समाज में कुरीतिया उत्पन्न हुई है। वह स्वयं को चमार कह कर वास्तविकता से मुँह नहीं मोड़ते।

ऐसी मेरी जाति विश्यात चमार,
हिरदै राम गोबिन्द गुन मारं।
सुरसरी जल लीया कृत बारूणी रे
जैसे संत जन करत नहीं पान। 4
अनेक अधम जीव नां गुणि उधरे,
पतित पावन भये परसिसारं।
भणत रैदास ररंकार गुण गावता
संत साधु भये सहजि पार। 5

मानव जन्म से ऊँच – नीच नहीं ,कर्म से ऊँचा या नीचा होता है। हृदय में गुणों त्रिगुण के नाशक भगवान है। भगवान का नाम लेकर अनेक अधम जीवों का उद्धार हुआ। सार तत्व को प्राप्त कर पतित पावन हो गए।

"हम अपूजि पूजि भये हरि तैं ,नाम अनुपम गाया रे।
हम अपराधी नीच पर जम्मै ,कुटुम्ब लाजकरै हंसीरे।"6

अर्थात नीच घर में जन्म लेने के कारण नीच समझते थे, परन्तु प्रभु भक्ति से अपूज्य होते हुए भी सम्मानित हुए। गुरू रविदास के सामाजिक सम्मान का एकमात्र कारण यही था कि उनकी वाणी इतनी विनम्र और सरल थी। किसी भी धर्म, जाति, वर्ण का मनुष्य अपने जीवन को सफल बना सकता था। गुरू रविदास ने इसी बात पर बल दिया कि ब्राण, क्षत्रिय, वैश्य और शूद्र सभी वर्ग के लिये भक्ति के दरवाजे खुले हैं। गुरू रविदास जी कहते हैं कि साधु किसी भी वर्ण का हो, गरीब हो, ईश्वर वहां निवास करता है। ब्राण, वैश्य, शूद्र, डोम, चंडाल, मलेच्छ मन वही है। ये सब भगवान के भजन से मुक्त होते हैं और अपने और दूसरों के कुल को भी तारते हैं:

"जिह कुल साधु बैसनौ होई
बरन अबरन रंकू नहीं ईसरू विमल बासु जानी ऐ जागी सोई
ब्रहमन बैस सूद्र अरूख्यत्री डोम चंडार मलेच्छ मन सोई।
होई पुनीत भगवंत भजन से आपु तारि तारै कुल दोई।।"7

संत रविदास के सन्दर्भ में डॉ. नरेश लिखते हैं –"रविदास वाणी में चित्रित समाज उनकी कविता को अनुभव से जोड़ता है। यह अनुभव व्यक्तिगत भी है और सामूहिक भी। सामूहिक इसलिये कि सामाजिक प्राणी के तौर पर कवि जो कुछ भी रचता है, उसमें उसकी ऐसी अनुभूति प्रकट होती है।

इस प्रकार रविदास जी की वाणी का आधार कवि का व्यक्तिगत अनुभव है, जो व्यक्तिगत होते हुए भी सामूहिकता के गुण से संयुक्त है।8 इस प्रकार संत कवि समाज में हो रहे अन्याय के विरूद्ध खंडनात्मक और मंडनात्मक तरीके से मानव कल्याण के खातिर न्याय के लिये आवाज उठाते थे।"

भारतीय समाज जो अपनी संस्कृति के कारण पूरे विश्व में ख्याति थी। समाज के चन्द स्वार्थी प्रतिष्ठित लोगों ने वर्ण व्यवस्था का दुरूपयोग कर समाज को विभाजित कर दिया। इस प्रकार मध्य युगीन समाज का विभाजन पूरे देश के लिये अभिशाप सिद्ध हुआ। डॉ .चन्द्रदेव राय कहते हैं– "कोई जन्मना ऊँचा और कोई नीचा समझा जाने लगा हिन्दू धर्मावलम्बियों का सम्पूर्ण नेतृत्व ब्राहम्ण वर्ग के हाथ चला गया और शूद्रों की घोर अवहेलना की परिस्थिति तैयार हो गई। उन्हें अन्त्यज करार दिया गया और उन का स्पर्श तक अपित्र समझा जाने लगा। यह वर्ग सामाजिक और आर्थिक दोनों दृष्टियों से अत्यन्त उपेक्षित बन गया। स्वास्थ्य नाशक एवं घृणास्पद सेवा कार्यों की लक्ष्मण रेखा ने उनके बौद्धिक और मानसिक सामर्थ्य को बांध दिया था। उन्हें सदा ही उच्च वर्ग की कृपा का मुखापेक्षी बना रहना पड़ता था।9

संत रविदास ने वर्ण व्यवस्था का समर्थन नहीं किया, बल्कि समता भाव, समदर्शिता का संदेश, कर्म – अकर्म पर विचार कर मानवतावाद

पर बल देकर समसामयिक समाज को अपनी विनम्र वाणी से आलोकित किया है: –

मरम कैसे पाइबो रे ,पंडित क्यूं न कहै समझाइ।

तातै मरौ आवागमन बिलाई।

बहुत बिधि धरम निरूपाऐ करता दसै सब कोई।

जिहि घट में पूम छूटि है ,सोधरम नहीं चीन्हे कोई।

करम – अकरम विचारिए ,सुनि – सुनि बेद पुरान।

संसा सदा हिरदै बसै हरि बिन कौन है रे अभिमान। 10

गुरू रविदास ने मनुष्य के थोथेपन और रूढ़िग्रस्त समाज को सहज शब्दों में अंधविश्वासों से दूर रहने की नसीयत दी हैं:–

जिन थोथरे पिछौरे कोई, जो परिछौरे कण हो कई।

झूठो रे यहु तन झूठी माया, झूठा हरि बिन जन्म गंवाया।

झूठा रे मंदर भोग विलासा, कहि समझावे जन रैदासा

थोथा पंडित थोथा वाणी, थोथी हरि बिन सबै कहानी।

थोथा मन्दिर भोग विलासा, थोथी आन देव की आसा।

साचा सुमरिन नाव विश्वासा, मन वच कर्म कहै रैदासा।11

थोथापन त्यागकर अपने भीतर की आत्मा बचा लो। मैं हिन्दू हूँ, मैं मुसलमान हूँ, मैं ईसाई हूँ। इस प्रकार के विचार त्याग कर धर्म की आत्मा बचा कर अंतःकरण की आवाज पहचानो। जीवन का मोह, स्वपन सब थोथा है। जब तक अहंकार त्याग कर राम से नाता नहीं जोड़ा तो धन, पद, प्रतिष्ठा सब व्यर्थ है। थोथे पंडित के पांडित्य तो केवल सांसारिक लोग है। स्वानुभाव के बिना ज्ञान की बातें सब व्यर्थ है। मंदिर, मस्जिद, गुरुद्वारा आदि सब थोथे हैं। मनुष्य की आशाएँ देवता पूरी नहीं करेगा। अपितु परमात्मा के प्रति श्रद्धा भाव से स्मरण ही जीवन की वास्तविकता है। मनुष्य की आशा, वासना ने ही

सांसारिक देवताओं की ईजाद की है। इसलिये थोथेपन में उलझना जीवन की सार्थकता नहीं केवल भ्रम है।

सन्त न केवल समाज सुधारक थे अपितु मानव चरित्र सुधारने के लिये मानवतावाद का भी संदेश दिया। आचार्य परशु राम चतुर्वेदी के शब्दों में "उनकी एकेश्वरवादी भावना, सामाजिक भेदभाव विहीनता तथा धार्मिक समानता के वैशिष्ट्य ने यहां की दलित, परिगणित, पिछड़ी हुई जातियों में एक नवीन आशा का संचार किया। जससे उनमें नवजागरण एवं स्वाबलम्बन का भाव उठने लगा और उनकी प्रतिक्रिया में यहां के उच्चवर्गीय लोगों को भी अपने नियन्त्रण के नियम ढीले करने पड़ गए। फलतः भारतीय समाज की सामूहिक संत रविदास मनोवृति का झुकाव क्रमशः लोकोन्मुख होता गया।"12 का अविभाव ऐसे समय में हुआ, जब हिन्दू और इस्लाम धर्म विषम परिस्थितियों से गुजर रहा था। संतों ने दोनों धर्मों के वैमनस्य को देखकर उनमें समन्वय ला कर संकीर्ण मानसिकता को दूर करने का जो कार्य अपनाया वह आज भी उतनी ही प्रासंगिक है जितनी उस युग में थी। उन्होंने सामान्य को जो कर्मकांड की अपेक्षा मानव को मानवता और नैतिकता का मार्ग दिखाया। उन्होंने सदाचार के जीवन का मर्म स्वीकार करते हुए कहा हैः–

"संत संतोष अरू सदाचार जीवन को आधार
रविदास भये न देवते, जिन तिआगे पंच विकार।"13

संत रविदास तत्कालीन परिस्थितियों से पूर्णतया परिचित थे इसलिये उन की वाणी ने करूणा और शान्त भाव से समाज के लिये अनुकूल संदेश दे कर मानवतावाद का प्रचार किया। आने वाले समय में लाखों करोड़ों लोगों में विरला ही कोई व्यक्ति होगा जो निष्काम भक्ति, निस्वार्थ सेवा, दान, करुणा भाव का निर्वहन करेगा। मानव – मानव में प्रेम भाव, परहित भावना कम देखने को मिलेगी। राष्ट्र हित की अपेक्षा स्वहित के लिए आदर्श को मुखौटा पहने हुए तृष्णा सुख की जननी को आधार बना कर वासना में मन अनुरक्त रहेगा। ऐसी परिस्थितियों में सन्त साहित्य का अध्ययन आवश्यक है, ताकि मानव की खोई हुई गरिमा पुनः जीवित हो उठे। अपने भीतर की ज्योति से पूरे ब्रांड को आलोकित कर सके।

संत रविदास और समकालीन सन्तों ने एक वर्गविहीन और अखण्ड समाज की कल्पना की। वे समाज में व्याप्त रूढ़िवादी परम्पराओं और कुरीतियों के विरूद्ध थे। संत रविदास ने जब अछूत वर्ग को धार्मिक संस्थानों में जाने के लिये द्वार बन्द देखा तो उनका दिंय द्रवित हो उठाः—

अैसी भगति न होई रे भाई।
राम नाम बिन जो कुछ करिये, सो सब भर्म कहाई।
भक्ति न मूंड मुडाये, भगति न माला दिशायें।
भगति न चरण घंरूवाये में सब गुनीजन कहाई।
आपौ गयौ तब भगति पाई, अैसा है भगति भाई।
राम मिलयौ आपौ गुण शौयों, रिधि सिद्धि सबै जुगबाई।
कहै रैदास छूटिलै आसपास, तब हरि ताहि कै पासा।
आत्मा अस्थिर तब सब निधि पाई।14

डॉ .हुकुमचन्द राजपाल के शब्दों में "संत रविदास जी ने युग वास्तविकता को समझा, परस्पर भेदभाव के कटु अनुभवों को भोगा। तदुपंरात आत्मविश्वास एवं संयम से कार्य लेते हुए लोगों को अपनी नवीन जीवन दृष्टि प्रदान की —वस्तुतः उनका यही जीवन दर्शन उनके अमर संत होने का प्रत्यक्ष प्रमाण है। आज संत रविदास किसी वर्ग विशेष के नहीं, समस्त भारतीय जनमानस के प्रेरक है।"

संत रविदास का जन्म मानव कल्याण के लिए ही हुआ। उन की दृष्टि में हिन्दू, मुस्लिम, ऊँच—नीच में कोई भेद नहीं है। वे हिन्दू—मुस्लिम एकता के लिये, जाति—पाति के खाई को पाटने के लिये निरंतर प्रयत्नशील थे, जो उनका मानवतावादी दृष्टिकोण था। उन्होंने मानवता के आगे जन, पद, मान, प्रतिष्ठा आदि को लघु बताया। उनके अनुसार मानव—मानव सब समान है, मानवता के मार्ग में सब से बड़ी बाधा जाति भेद बता कर हिन्दू मुस्लिम के बीच ऊँच—नीच व छुआछूत की ऊँची दीवारों को गिराकर मानवतावादी दृष्टिकोण का परिचय दिया। संत

रविदास आदर्श समाज के लिये मानवतावाद के प्रबल समर्थक थे उनके मानवतावाद के सम्बन्ध में प्रो. प्रीतम सिंह का विचार हैः–

"इसमें कोई सन्देह नहीं कि मध्यकालीन साहित्य में जात–पात तथा कर्मकांडी प्रकार के सामाजिक सदाचार तथा धार्मिक प्रबन्ध को शुरू से ही नकारा गया है। परन्तु जिस भरोसे के उभार की बात हमने आरम्भ में की है, मध्यकालीन भारतीय सामाजिक दृश्य प्रत्यक्ष विशेषता दलित जातियों में सेहतमंद धार्मिक तथा सांस्कृतिक भरोसे का उभार था। इसका प्रकटीकरण दलित साहित्यकारों द्वारा नकारा या खण्डन से अधिक उनके सर्वकल्याण मानवतावाद जैसे सामूहिक प्रयत्न से होता है।"16

मानव–मानव में संवेदना, आत्मीयता, करूणा की भावना प्रस्फुटित हो और समस्त विश्व को एक आध्यात्मिक बन्धुत्व में बंधा हुआ देखे। संत रविदास के विचार आज भी किसी राष्ट्र या समाज में प्रचलित अर्न्तविरोधी एवं समस्याओं का समाधान निकाल कर मानव की खोई हुई गरिमा वापिस ला सकती है। आज का समाज जाति–पाति, भ्रष्टाचार, घृणा, द्वेष, आतंकवाद, नक्सलवाद, मौलिक प्रतिभा का हनन, प्रकृति समस्याओं से जूझ कर नैतिक मूल्यों को खोता जा रहा है। भारत जैसे प्रजातांत्रिक राष्ट्र में जनता की सेवा करने वाले चन्द स्वार्थी राजनितिज्ञ जो सता में आने के बाद राष्ट्र सेवा के नाम पर विदेशी बैंकों में पैसा जमा कर सवा अरब भारतीयों की भावनाओं के साथ बलात्कार करते है। मनुष्य को इस प्रकार की परिस्थितियों से निजात दिलाने के लिए मानवतावाद का पुनर्व्यवस्था अपरिहार्य है। संत रविदास का काव्य मानव को मानवतावाद के मार्ग में ले जाने में सहायक हो सकता है। कोई भी राष्ट्र अगर मानवतावाद के पथ पर चलने की कोशिश करेगा। उससे न केवल इस देश का नहीं सम्पूर्ण विश्व का कल्याण सम्भव है। इसलिए आज सम्पूर्ण मानव जाति को मानव कल्याण एवं अस्तित्व प्रदान करने के लिये संत रविदास के काव्य का अध्ययन कर उसे व्यावहारिकता में लाना अनिवार्य है। ताकि जिस भारत ने अध्यात्म, ध्यान, दर्शन, योग के क्षेत्र में पूरे विश्व का नेतृत्व किया। वह भारत फिर से विश्व का सिरमौर बन जाये।

6

गुरु रविदास जी से संबंधित कहानियाँ

चमड़े का खरगोश

एक बार गुरु रविदास की बुआ जब उनसे मिलने के लिए आईं तो उनके लिए एक सुंदर चमड़े का खरगोश ले आईं। उस खिलौने को पकड़कर, चारपाई पर बैठकर, बालक रविदास खेल रहे थे। खेलते–खेलते अपने चरण कमलों से वे उस खरगोश को दूर धकेलने लगे, जैसे उसे दौड़ने का संकेत दे रहे हों। इस दृश्य को देखकर बुआ और घर के सदस्य बहुत प्रसन्न हो रहे थे। जब बालक ने तीसरी बार पुनः उस चमड़े के बेजान खरगोश को अपने चरणों से दूर धकेला तो वह जीवंत हो उठा और वह सचमुच खरगोश बनकर आगे की ओर भागा। बालक को यह दृश्य देखकर अत्यंत प्रसन्नता हुई, परंतु उनके घरवाले इस दृश्य को देखकर अत्यंत आश्चर्यचकित हुए, फिर वह खरगोश उछल–कूद करते हुए गुरु रविदास के समीप ही बैठ गया।

बालक रविदास उस खरगोश को देखकर बहुत प्रसन्न हो रहे थे। उन्होंने पुनः उसे अपने चरण कमलों से धकेला, परंतु फिर वह खरगोश घरवालों के सामने से उछलते हुए बाहर की ओर दौड़ गया। इस बीच बालक रविदास के फूफा जब बाहर से आए तो सारा वृत्तांत सुनकर आश्चर्यचकित रह गए उन्हें विश्वास नहीं हो रहा था, क्योंकि उन्होंने स्वयं अपने हाथों से गुरुजी के लिए वह चमड़े का खिलौना बनाया था।

करमावती

करमावती नाम की 60–65 वर्ष की महिला सीर गोवर्धनपुर में रहती थी। उसका बालक रविदास की दादी लखपती के साथ बहुत प्रेम था। दादी लखपती प्रायः अपने प्रिय पौत्र को लेकर उससे मिलने जाया करती थीं। करमावती स्वयं लखपती से मिलने के लिए नहीं आती थी, क्योंकि उसकी आँखों की रोशनी गए तीस वर्ष बीत चुके थे, परंतु फिर भी वह दिन भर चरखा चलाती थी। जब दादी लखपती करमावती के साथ बीते दिनों की बातें करतीं तो बालक रविदास उनके पास बैठकर सुनते रहते तथा करमावती के साथ हँसते–खेलते। लखपती जब उससे अंधेपन में चरखा कातने का कारण पूछती तो करमावती रो पड़ती और अपनी निर्धनता का वृत्तांत व घरेलू अभाव के बारे में खुलकर बताती। बालक रविदास यह सब सुनते तो उनका कोमल हृदय पिघल जाता।

एक दिन सुबह के समय करमावती चरखा कात रही थी। बालक रविदास अकेले ही उसके घर पहुँच गए। उन्होंने चुपचाप आकर उसकी धागे की टोकरी उठा ली और निकट ही खड़े हो गए। करमावती ने हाथ से टटोलकर धागे की टोकरी को देखा, परंतु उसे वह नहीं मिली। कुछ देर बाद बालक रविदास ने जब वह टोकरी उसी स्थान पर वापस रख दी जहाँ से उठाई थी, तब करमावती का हाथ उस टोकरी से लग गया। वह बहुत हैरान हुई, क्योंकि उसने पहले भी तो वहाँ हाथ लगाकर देखा था, करमावती को वहाँ किसी की उपस्थिति का एहसास हुआ, परंतु वह घबराई नहीं, क्योंकि प्रायः गाँव के बच्चे उसे सताया करते थे। फिर जब टोकरी में से धागा उठाकर वह कातने लगी। इतने में बालक रविदास ने तकले में से गलोटा खींच लिया। करमावती को तुरंत पता चल गया। जब बालक ने चरखा खींचा तो करमावती को क्रोध आया और उसने अपनी दोनों बाँहें फैलाकर बालक को पकड़ लिया और कहा, श्तुम कौन हो?"

बालक ने अपने दोनों हाथ करमावती की आँखों पर रखते हुए कहा, "लो माता, तुम स्वयं देख लो, मैं कौन हूँ!"

करमावती शांत हो गई। जब करमावती ने आँखें खोलीं तो उसे सब कुछ दिखाई देने लगा। उसने बालक रविदास के सुंदर अलौकिक स्वरूप के दर्शन किए, फिर करमावती ने दोनों हाथ जोड़कर बालक रविदास को प्रणाम किया और कहने लगी, "धन्य है वह माता, जिसने तुम्हें जन्म दिया है, धन्य है वह कुटुंब जिसमें तुमने जन्म लिया है।" इसके बाद करमावती ने घर की प्रत्येक वस्तु की ओर देखा और मन–ही–मन अत्यंत प्रसन्न हुई। इतने में बालक रविदास वहाँ से चले गए।

करमावती बालक के पीछे–पीछे उनके घर पहुँच गई। उसने सारे परिवार को पूरी कहानी सुनाई। इस चमत्कार के बारे में सुनकर परिजनों को बड़ा आश्चर्य हुआ।

पीरां दित्ता मरासी की ईर्ष्या

गुरु रविदास सबका भला चाहनेवाले महापुरुष थे। उनके हृदय में सबके लिए प्यार था। व्यक्ति चाहे किसी भी जाति का क्यों न हो, वे सबको सत्य का उपदेश देते थे। बुराइयों से हटाकर सत्य मार्ग पर जीवों को लगाना ही रविदास के जीवन का लक्ष्य था। उनके विचारों से प्रभावित होकर सभी वर्णों के लोग उनके पास श्रद्धापूर्वक आने लगे।

पीरां दित्ता मगासी को यह अच्छा न लगा और वह गुरु रविदास से ईर्ष्या करने लगा। उसने एक दिन नगर के बाहर एकांत में एक सभा बुलाई, समाज के कई गणमान्य लोग वहाँ आए, सबने पीरां दित्ता की बात सुनकर गुरु रविदास को मारने का विचार किया और इस विचार से सभा में उपस्थित सभी लोग सहमत हो गए। गुरु रविदास ज्यों ही उस सभा में पहुँचे तो कुछ लोग कटु वचन कहने लगे। गुरु रविदास ने उन लोगों से कहा कि आप बुरे वचन क्यों बोल रहे हैं? मुँह से पवित्र वचन बोलना चाहिए, जिनको सुनकर दूसरों का भला हो और अपना कल्याण हो। कटु वचन बोलने से क्या लाभ है? इसके अलावा मेरा आप लोगों से कोई विरोध नहीं है। मेरे लिए कोई धर्म अच्छा या बुरा नहीं है। अच्छे कर्म करने से पुरुष अच्छा कहा जाता है और बुरा करनेवाला और

बुरा सोचनेवाला बुरा माना जाता है। विवेकी श्रोता तो गुरु रविदास के अमृत वचन सुनकर प्रभावित हो गए मगर जो दुष्ट प्रवृत्ति के थे, वे आक्रमण पर उतारू हो गए। ऐसा देखकर गुरु रविदास ने प्रभु को पुकारते हुए कहा–

राम गुसंईया जीअ के जीवना।
मोहि न बिसारहु में जनु तेरा।
मेरी हरहु विपति जन करहु सुभाई।
चरन न छाड़ओ सरीर कल जाई।
कहु रविदास परउ तेरी सांभा।
बेगि मिलहु जन करि न बिलंबा।

जब गुरु रविदास ने ऐसा कहा तो एक तेज प्रकाश निकला और सभी आश्चर्यचकित रह गए। वहाँ उपस्थित सभी लोग उनके चरणों में गिर पड़े।

ठाकुर तारने की कथा

गुरु रविदास अपने पवित्र कार्यों एवं पावन चरित्र के प्रभाव से उस काल में अद्वितीय ख्याति प्राप्त कर चुके थे। एक छोटी समझी जानेवाली जाति के महापुरुष का समाज में ऐसा प्रभाव देखकर कुछ लोग उनसे ईर्ष्या करने लगे। वैसे लोगों को उनका यश अच्छा नहीं लग रहा था। उस युग के अनुरूप यह बात बिलकुल असहनीय थी।

ब्रह्मज्ञानी के रूप में और सत्य उपदेश देनेवाले सच्चे महापुरुष के रूप में वे लोग छोटी समझी जानेवाली जाति के आदमी को कैसे सहन कर सकते थे?

यह सब देखकर कुछ लोगों ने उनका विरोध करना शुरू कर दिया। इस विरोध के बारे में कई जनश्रुतियाँ प्रचलित हैं, जिसका संकेत गुरु रविदास ने अपनी रचनाओं में दिया है।

गुरु रविदास प्रतिदिन अपनी कुटिया में सत्संग किया करते थे। धीरे–धीरे बहुत से लोग उनके जोवन व सत्संग से प्रभावित होकर कुटिया में आने लगे, गुरु रविदास ने कहा–

जन्म जाति कू छाड़ि कर करनी जात प्रधान,

इहयो वेद को धर्म है करै रविदास बखान।

ब्राह्मण खतरी वैश सूद रविदास जन्म तें नाहिं,

जो चाहे सुबरन कऊ पावई करमन माहिं।

रविदास जन्म के कारन होत न कोऊ नीच।

नर कू नीच करि डारि है ओछे करम की कीच।।

गुरु रविदास ने समाज को सही दिशा प्रदान करने हेतु सत्य का रास्ता दिखाया। उनका कहना था कि कोई प्राणी जन्म से शूद्र नहीं होता। किसी भी प्राणी की जाति को देखने से पहले उसके गुणों को देखना चाहिए।

"रविदास ब्राह्मण मत पूजिए जऊ होवे गुन हीन।

पुजहिं चरन चंडाल के जऊ होवे गुन परवीन।।"

गुरु रविदास की तरह और संतों ने भी इस बात पर बल दिया कि जो ब्रह्म को जाननेवाला है, वही ब्राह्मण कहलाने योग्य है।

गुरु रविदास के सच्चे विचारों से प्रभावित होकर उस काल के कई राजा–रानी उनके शिष्य बन गए थे। यही कारण था कि उन्हें ईर्ष्या करने वालों की साजिशों का भी सामना करना पड़ा था।

एक बार काशी नरेश वीर सिंह बोला के पास कुछ लोगों ने शिकायत की कि आपके राज्य में एक शूद्र रविदास धर्मगुरु बनकर लोगों को उपदेश देता है, यह बात ठीक नहीं है। उपदेश देना तो ब्राह्मणों का काम है। यह शिकायत जब राजा ने सुनी तो राजा ने संदेश भेजकर गुरु रविदास को अपनी सभा में बुलाया और साथ ही विरोधी दल को भी। दोनों पक्षों के बीच शास्त्रार्थ करवाया। इस दृश्य को देखने के लिए बहुत

बड़ी संख्या में लोग उपस्थित हुए। काफी लंबे समय तक चर्चा चलती रही। गुरु रविदास के तर्कों के सामने पंडितों का पक्ष निर्बल साबित हुआ। विरोधियों ने जब देखा कि उनका पक्ष निर्बल हो रहा है तो उन्होंने प्रयास किया कि कोई निर्णय न होने पाए। ऐसी स्थिति में जनता की इच्छा और राजा की आज्ञा के अनुसार फैसला हुआ कि सभी अपने–अपने ठाकुर को सभा में लाएँ। उनको गंगा में बहाकर फिर वापस बुलाने का आदेश मिला। निर्णय किया गया कि जिसके ठाकुर बुलाने पर ऊपर आ जाएँगे, उसको पूजा और उपदेश करने का अधिकार होगा। विजेता को सोने की पालकी में बिठाकर पूरे नगर में घुमाया जाएगा।

निर्धारित समय पर गंगा के किनारे बहुत सारे लोग यह लीला देखने के लिए पहुँचे। पंडितगण लकड़ी के ठाकुर लेकर आए और गुरु रविदास यत्थर की शिला उठा लाए, जिस पत्थर पर वे अपना दैनिक अनुष्ठान किया करते थे। पंडितगण यह देखकर मन–हो–मन खुश हो रहे थे कि हम इस मुकाबले में जीत जाएँगे और गुरु रविदास हार जाएँगे, क्योंकि पत्थर आसानी से पानी में डूब जाएगा।

काफी भीड़ इकट्ठी हो चुकी थी, सब लोग इंतजार में थे कि देखते हैं इस मुकाबले में कौन जीतता है। लोगों में उत्सुकता थी कि कब काशी नरेश वीर सिंह बघेला का आदेश होगा। समय देखते हुए राजा ने पहले पंडितों को आदेश दिया कि तुम अपने ठाकुर को गंगा में बहाओ और फिर वापस बुलाओ। राजा का आदेश पाकर पंडितों ने अपने लकड़ी के ठाकुर को गंगा की धारा में बहा दिया। इसके पश्चात् पंडितगण मंत्रपाठ करते हुए ठाकुर को वापस बुलाने लगे। दूर–दूर से आए हुए लोग यह दृश्य देख रहे थे। काफी देर तक बुलाने पर भी जब लकड़ी के ठाकुर पानी के नीचे से ऊपर नहीं आए, तब काशी नरेश ने गुरु रविदास से कहा कि रविदासजी! आप भी अपने ठाकुर को गंगा में बहा दें और फिर उनको वापस बुलाएँ।

गुरु रविदास ने राजा का आदेश सुनकर प्रभु को याद किया कि प्रभुजी, मुझे केवल आप ही का सहारा है। इस कठिन घड़ी में मैंने आपको याद किया है। आप आकर दर्शन दीजिए और मेरी लाज रखिए। उन्होंने कहा–

जउ तुम गिरिवर तउ हम मोरा।
जउ तुम चाँद तउ हम भए है चकोरा।
माधवे तुम न तोरहु तउ हम नहीं तोरहि।
तुम सिउ तोरि कवन सिद्ध जोरहि।
जउ तुम दीवरा तउ हम बाती।
जउ तुम तीरथ तउ हम जाती।
साची प्रीति हम तुम सिउ जोरी।
तुम सिउ जोरि अबर संगि तोरी।
जह जह जाउ तहा मेरी सेवा।
तुम सो ठाकुर अइस न देवा।
तुमरे भजन कहहि जम फाँसा।
भगति हेत गावै रविदासा।

जैसे पर्वत और मोर, चंद्रमा और चकोर, तीर्थ और यात्री का प्रेम है, ऐसी ही मेरी प्रीत आपसे है। इसके साथ ही वे प्रेम भाव से प्रभु दर्शन के लिए निवेदन करने लगे–

कूपु भरियो जैसे दादिरा कछु देसु बिदेसु न बूझ।
ऐसा मेरा मनु बिखिया विमोहिआ कछु आरा पार न सूझ।
सगल भवन के नाइका इकु छिनु दरसु दिखाइ जी।
मलिन भई मति माधवा तेरी गति लखी न जाइ।
करहु क्रिपा भ्रमु चूकई मै सुमति देहु समझाइ।
जोगीसर पावहि नही तुअ गुण कथनु अपार।
प्रेम भगति कै कारण कहु रविदास चमार।

उन्होंने विह्वल होकर यह पद भी कहा–

आयो आयो हौं देवाधिदेव तुम सरन आयो।
सकल सुख का मूल जा को नहीं समतूल।
सो चरन मूल पायो।

लिओ विविध जोनि वास जय को आगम त्रास
तुम्हरे भजन बिन भ्रमत फिर्यो।
माया मोह विषय संपर निकाम यह अति दुस्तर दूर तर्यो।
तुम्हारे नाम विसास छोडिए आन आस
संसारी धर्म मेरा मन न धीजै।
रविदास की सेवा मानहु देव पतित पावन नाम आजु प्रगट कीजै।

यह पद पूरा करने के बाद जब गुरु रविदास ने अपने नेत्र खोले तो देखा कि जल के ऊपर शिला रूपी ठाकुरजी लौट रहे हैं। लोग यह दृश्य देखकर जय–जयकार करने लगे। सभी ने गुरु रविदास को प्रणाम किया।

उन्होंने सबको उपदेश दिया कि हर जीव को अपनी इच्छा के अनुसार प्रभु की पूजा करने का अधिकार है। राजा ने भी उन्हें प्रणाम करते हुए विनती की कि आप मुझे अपना शिष्य बना लें।

सेठ ने किया अमृत का तिरस्कार

संत महापुरुष समस्त समाज के लिए होते हैं। उनका संबंध केवल एक जाति या वर्ण के साथ नहीं होता। वे सर्वहित के लिए और सबको सही राह पर चलने के लिए प्रेरणा देते हैं। गुरु रविदास के पवित्र जीवन और साधुता को देखते हुए चारों वर्णों के लोग सत्संग में आने लगे।

गुरु रविदास पवित्र आहार, पवित्र कर्म और पवित्र विचारों की बार–बार चर्चा करते थे।

एक दिन एक धनवान सेठ गुरु रविदास के सत्संग में आया। उसने अमीर–गरीब हर वर्ग के लोगों को गुरु रविदास का उपदेश सुनते हुए देखा। सेठ के मन पर यह सब देखकर प्रभाव पड़ा और वह भी सत्संग सुनने के लिए बैठ गया। गुरु रविदास ने कहा कि मनुष्य तन बहुत अनमोल है और यह तन बहुत दुर्लभ है–

दुलंभ जन्म पुनि फल पाइओ विरथा जात अविवेके।

इस अनमोल जन्म को प्रभु बंदगी में लगाकर सफल बनाना चाहिए। प्रभु भक्ति पर सब जातियों और वर्णों का अधिकार है। कोई किसी भी जाति या वर्ण का आदमी हो, वह प्रभु भक्ति में लीन होकर महान बन जाता है।

ब्राह्मन बैस सुद अरु खत्री।

डोम चंडार मलेछ मन सोइ।

होई पुनीत भगवंत भजन ते।

आपु तारि तारे कुल देइ।।

भजन करनेवाला ब्राह्मण, वैश्य, शूद्र, क्षत्रिय, डोम, चंडाल और म्लेच्छ अथवा किसी भी जाति का हो, प्रभु की भक्ति के द्वारा भवसागर से पार हो सकता है और अपने परिजनों को भी उबार सकता है।

सत्संग समाप्त होने के बाद श्रद्धालुओं के बीच कठौती में से अमृत बाँटा गया, जिसमें गुरु रविदास चमड़ा भिगोते थे। सेठ ने चरणामृत तो ले लिया, परंतु उसे पीने के बजाय सिर के पीछे से फेंक दिया। चरणामृत का कुछ अंश उसके कपड़ों पर पड़ गया। सेठ ने घर जाकर कपड़ों को अपवित्र जानकर एक भंगी को दान कर दिया। भंगी ने ज्यों ही उन कपड़ों को धारण किया, उसका शरीर कांति से चमकने लगा और सेठ को कुष्ठ रोग हो गया। उधर सेठ ने हकीम और वैद्यों से बहुत दवाई कराई, पर कुष्ठ रोग ठीक नहीं हुआ। जब सेठ को ध्यान आया कि उसने किसी संत पुरुष का अनादर किया है, जिसके कारण उसे यह कष्ट उठाना पड़ रहा है तब वह दुःखी होकर गुरु रविदास की शरण में गया। उदार हृदय गुरु रविदास ने सेठ को क्षमा कर दिया और वह फिर से स्वस्थ हो गया।

हिरनी की रक्षा

गुरु रविदास कोमल हृदय के महापुरुष थे। एक बार लहरतारा तालाब जो कि कबीर की प्रकटस्थली है, उन दिनों वहाँ पर घना जंगल

था, वहाँ एकांत रमणीय स्थान पर गुरु रविदास ध्यान की अवस्था में बैठे थे। आसपास प्रकृति का दृश्य मन को मोहित कर रहा था।

इसी समय एक हिरनी भागती हुई इधर निकल आई। जिसके पीछे शिकारी लगा हुआ था। वह हिरनी को मारने के लिए तैयार था। शिकारी ने हिरनी को अपने काबू में कर लिया था। हिरनी ने सोचा कि अब उसका जीवन मुश्किल में पड़ गया है और शिकारी उसे मार डालेगा। उसने सोचा कि अब वह अपने बच्चों से नहीं मिल सकती, दूध पिलाना तो बहुत दूर की बात है। हिरनी अपने मन में ऐसा सोचकर दुःखी हो रही थी। अपने बच्चों को याद कर उसकी आँखों से आँसू बहने लगे। यह देखकर शिकारी ने पूछा कि तेरी आँखों में आँसू आने का क्या कारण है ? हिरनी ने कहा कि मुझे अपने बच्चों की याद आ रही है, इसलिए मेरी यह हालत है। शिकारी से हिरनी ने कहा—तू मुझे दो पल के लिए छोड़ दे, मैं अपने बच्चों को दूध पिलाकर तेरे पास आ जाऊँगी। शिकारी ने उत्तर दिया कि यदि कोई तुम्हारी जमानत देगा तो मैं तुम्हें छोड़ सकता हूँ। पास ही गुरु रविदास थे। उन्होंने शिकारी से कहा कि मैं इसकी जमानत देता हूँ और तेरे पास तब तक रहूँगा, जब तक हिरनी वापस नहीं आ जाती। शिकारी ने दो घड़ी के लिए हिरनी को छोड़ दिया।

हिरनी तेजी से भागती हुई अपने बच्चों के पास पहुँची। बच्चों ने जब देखा कि उनकी माता आ गई है, तो वे अपनी माता से लिपट गए। जब वे दूध पीने लगे तो उन्होंने देखा कि उनकी माता उदास है। बच्चों ने माता को उदास देखकर पूछा कि माताजी आपकी उदासी का क्या कारण है? हिरनी ने उन्हें सारी बात बताई। बच्चों ने कहा, माताजी, अब हम दूध नहीं पीएँगे, बल्कि आपके साथ जाएँगे। आपसे पहले हम अपनी जान दे देंगे, हमारे बाद ही आपकी बारी आएगी। हिरनी कुछ देर बाद अपने बच्चों के साथ जहाँ शिकारी और गुरुजी बैठे थे, वहाँ पहुँच गई। हिरनी ने शिकारी से कहा कि अब इन संत महापुरुष को छोड़ दो, हम दो घड़ी से पहले तुम्हारे पास पहुँच गए हैं। जब शिकारी ने हिरनी को मारने के लिए कटार का बार किया तो शिकारी का कटार वाला हाथ ऊपर ही रह गया। वह जड़ पत्थर के समान हो गया। उसकी अपनी

आँखों के सामने मृत्यु नाचती हुई दिखाई देने लगी। जब उसको ऐसा आभास हुआ तो वह मन–ही–मन पश्चात्ताप करने लगा और बार–बार गुरु रविदास को प्रणाम करने लगा। उसने उनसे क्षमा माँगी। गुरु रविदास ने उसे भविष्य में शिकार करने से मना किया और उसे अपना शिष्य बना लिया।

पारस भेंट करने की कथा

"बरस सात को भयौं है जबही, नौधा भक्ति चलाई तब ही।

अस भगवन की सेवा करई, सतगुरु कहो सो सीव न तरई।।"

गुरु रविदास जब सात वर्ष के हुए तो श्रदूधालु जन उनके पास आकर भक्ति का आनंद प्राप्त करने लगे।

"बरस सात और चलि गइआ, बहुत प्रीति केसो सु भइआ।"

ऐसी ही प्रभु भक्ति में सात वर्ष और व्यतीत हो गए। प्रभु से उनकी बहुत गहरी प्रीति लग गई। वे रोज सद्कर्मों में तत्पर रहते थे। अपने हाथों से मेहनत करके संगत में आए संतों की सेवा किया करते थे।

"सीधो चाम मोलि ले आवे।

ताकी पनही अधिक बनावे।

टुटे फाटे जरवा जोरे।

समकति करे काहू न निहौरे।"

गुरु रविदास स्वयं चमड़े के सुंदर–सुंदर जूते तैयार करते थे। कई बार संतों को तथा जनसाधारण को बिना कीमत लिये ही पनही भेंट कर दिया करते थे। इस ढंग से उन्होंने संदेश दिया कि सबको अपनी आजीविका के लिए तन–मन से मेहनत करनी चाहिए। संतों की संगत और सेवा करके हरि–भजन का लाभ लेना यही मनुष्य जीवन की सार्थकता है।

"बरस सात ऐसी विधि गईआ, केसो के मन उपजी दईआ।

तब हरि भक्त रूप धरि आयो, जन रविदास बहुत मन भायौ।।"

गुरु रविदास जब 21 वर्ष के हो गए तो एक दिन प्रभु साधु के वेश में उनके पास आए गुरु रविदास उनके दर्शन कर बहुत प्रसन्न हुए। उन्होंने साधु के वेश में भगवान का प्रेमपूर्वक स्वागत किया और श्रद्धा के साथ आसन पर बिठाया। उन्होंने कहा—आपने बहुत कृपा की, दर्शन दिए, आज मेरे भाग्य धन्य हो गए। उन्होंने साधु के वेश में आए भगवान के चरणों को जल से धोया। इसके बाद एक घड़ी तक सत्संग हुआ, फिर भगवान को भोजन करवाया गया। भोजन के बाद आपसी चर्चा शुरू हो गई। हरि कहने लगे कि आपके पास कुछ संपत्ति तो दिखाई नहीं देती, आप अपना निर्वाह किस प्रकार करते हैं? तब गुरु रविदास ने कहा—

"कोटि लक्ष्मी जाकै चरना।

दुष दारिद्र नहीं तिहे सरना।।"

करोड़ों की गिनती में लक्ष्मी (धन) प्रभु के चरण में निवास करती है। उनकी शरण में गरीबी कैसे हो सकती है। यह उत्तर सुनकर प्रभु प्रसन्न हुए। प्रभु ने कहा—मेरी एक बात मानो तो तुम्हारी सारी गरीबी दूर हो जाएगी। मैं बचपन से ही वैरागी हूँ। जब मैं तुम्हारे घर आ रहा था तो रास्ते में मुझे एक पारस पत्थर मिला। यह मेरे लिए किसी काम का नहीं है। इसीलिए तुम्हें योग्य समझकर यह पत्थर देना चाहता हूँ। इस पारस पत्थर से जब लोहे का स्पर्श होता है, तो लोहा सोना बन जाता है। इससे सोना बनाकर सुंदर घर बनवाओ और आराम से जीवन व्यतीत करो। यह वचन सुनकर गुरु रविदास चुप हो गए।

"घरी एक रविदास न बोल्य, हरि जी गाँठि ते पारस खोल्य।

तु जिनि माने डहकै हमको, निहचौ कीया देत हैं तुमको।।"

तब प्रभु ने पारस गाँठ से निकाला और कहा कि तुम जैसा भी समझो, मैंने तुमको योग्य समझा है, इसीलिए यह पारस पत्थर मैं तुमको ही दूँगा। हरि ने पत्थर से एक सुई का स्पर्श किया तो वह सोने की हो गई। तब गुरु रविदास ने कहा कि इसको लेना तो दूर की बात है,

इसकी तरफ कभी आँखें उठाकर भी नहीं देखूँगा। यदि सोने से ही सब काम बन जाए तो इतने सारे राजाओं ने राज्य क्यों छोड़े हैं। उन्होंने भिक्षा माँगकर अपना जीवन–निर्वाह किया है और कामना को दोष रूप कहा है।

तब हरि ने कहा कि कंचन को दोष मत दो। कंचन से बैकुंठ पुरी बनाई जा सकती है, तब गुरु रविदास ने कहा कि कंचन से बहुत पाप होते हैं और जीव नरक में जाता है।

यह सुनकर हरि ने कहा कि यह मेरी अमानत तुम अपने पास रख लो। मैं कुछ दिनों के लिए यात्रा पर निकला हूँ। वापस आकर इसे ले जाऊँगा।

तेरह महीने बीत गए मगर गुरु रविदास ने उस पत्थर की ओर आँखें उठाकर देखा तक नहीं।

"जन रविदास न देखे काई।
पास तेरुवें बहुटयो आई।।"

तब हरि ने लौटकर पूछा कि इस पारस को तुमने क्यों नहीं निकाला, इसमें क्या दोष है?

"काहे स्वामी काढि न जीना, कौन दोष पारस को दीना।
जन रविदास कहे करि जोरे, मैं छाड़ियो पाथर कै मोरे"

गुरु रविदास ने कहा कि यह पत्थर मेरे किसी काम का नहीं है। मेरे पास हरि के नाम का पारस है, जो सर्वश्रेष्ठ है–

"पारस मोरे हरि को नामू।
पत्थर सों मोहि नाहिं कामू।
दृष्टि पारस कंचन की रासी।
अवस सकल माया की पासी।
अंगीकार रविदास न कीनौ।

तब हरि अपनौ पारस लीनौं।"

जब गुरु रविदास ने पारस को स्वीकार नहीं किया। तब हरि पारस लेकर वहाँ से अंतर्ध्यान हो गए।

बालक को जीवनदान

काशी में एक विधवा सेठानी रहती थी। उस सेठानी का पहले बड़ा परिवार था। एक बार वे लोग तीर्थयात्रा को गए। दैवयोग से वहाँ नाव दुर्घटना हो गई। जिससे सारा परिवार पानी में डूब गया। केवल एक बहू बची रही, जो गर्भवती थी। रोती–चिल्लाती और कष्टों को सहतो हुई वह किसी तरह अपने घर आई और अकेली रहने लगी।

समय पाकर उसकी कोख से एक बच्चे ने जन्म लिया। बच्चे का मुँह देखकर वह बहुत खुश हुई, क्योंकि वही उसका एकमात्र सहारा था। बच्चा जब बड़ा होकर खेलने–कूदने लगा तो एक बार वह गंभीर रूप से बीमार हो गया।

सेठानी ने उपचार और पूजा–पाठ पर बहुत खर्च किया, किंतु लाभ कुछ भी नहीं हुआ। बच्चे का रोग दिन–प्रतिदिन भयंकर रूप धारण करता गया। वह हरेक से रो–रोकर कहती, मेरे बच्चे की जान बचाओ। किसी ने उसे गुरु रविदास का परिचय दिया।

वह बीमार बच्चे को लेकर गुरु रविदास के पास पहुँच गई, मगर वहाँ पहुँचते ही दैवयोग से उसका बच्चा मर गया फिर क्घ्या था, सेठानी बिलख–बिलखकर रोने लगी। गुरु रविदास से उसका दुःख देखा नहीं गया। वह उस बच्चे के लिए प्रभु से प्रार्थना करने लगे, उनकी जीवनसंगिनी लोना बाई मृत बच्चे को गोद में लेकर बैठ गई और उसके सिर पर हाथ फेरने लगी।

गुरु रविदास ने बच्चे के मुँह में जल डाला तो वह जीवित हो उठा। प्रसन्न होकर सेठानी गुरु रविदास की परम भक्त बन गई।

मन चंगा तो कठौती में गंगा

"अवर कहो इतिहास को भगवनजस सुख दानि।
हरिद्वार यात्री मिल आए, तिन दर्शन जन केरे पाए।
तिनको पूछा लखि रविदासा, जाहु कहाँ तुमहीं सुख रासा।
ब्रह्मकुंड गंगा इस्नाना। नहावन चल तहाँ हम जाना।
तब रविदास बचन अस भाखे। कीजै काज हठी मन राखे।
ऐक छिसाय हमारा लीजै। मेरा गंगा की पहि दीजै।
हमरे नाम नलेहि पसारी। नहि दीजै तुम ऐसे गरी।"

गुरु रविदास का नाम बनारस शहर और आसपास के इलाकों में बहुत प्रसिद्ध हो चुका था। एक बार कुछ यात्री पंडित गंगाराम के साथ हरिद्वार में कुंभ के पर्व पर ब्रह्मकुंड में स्नान करने जा रहे थे। जब वे बनारस पहुँचे तो उनके मन में प्रेम उमड़ आया कि गुरु रविदास से भेंट करके फिर आगे को चलेंगे। वे गुरु रविदास का निवास स्थान पूछकर सीर गोवर्धनपुर में पहुँच गए। सभी यात्री गुरु रविदास के दर्शन करके बहुत प्रसन्न हुए। गुरु रविदास ने पूछा कि कहिए, आप कहाँ जा रहे हैं? पंडित गंगाराम ने बताया कि हम हरिद्वार में कुंभ स्नान के लिए जा रहे हैं।

गुरु रविदास ने यात्रियों से कहा कि गंगाजी के लिए मेरी ओर से यह कसीरा ले जाओ और यह भेंट गंगाजी को तब देना जब वे हाथ निकालकर लें, नहीं तो इसे वैसे ही मत देना। गुरु रविदास की भेंट लेकर यात्रीगण हरिद्वार की तरफ रवाना हो गए।

कुछ दिनों में यात्रीगण हरिद्वार पहुँच गए। उन्होंने गंगाजी के तट पर यात्रियों की भारी भीड़ देखी। गंगा में स्नान करने के बाद पंडित गंगाराम ने कहा, "हे माता गंगाजी, आपके लिए एक कसीरा भेंट के रूप में रविदास ने भेजी है। माता, अपना हाथ बाहर निकालें और इस भेंट को स्वीकार करें।" यह सुनते ही गंगाजी प्रकट हो गई और हाथ बढ़ाकर उन्होंने कसीरा ले लिया। गंगाजी ने अपने हाथ का एक हीरे जड़ित

कंगन गुरु रविदास के लिए भेंट किया और गंगाराम से कहा कि मेरी यह भेंट गुरु रविदास को पहुँचा देना।

"ले कंगन अति हर्ष युत, देखत सब विसमाद।

ऐसे न कबहुं भयो, गंगा को प्रसादि।।"

गंगाराम सहित सभी यात्री बहुत हैरान हुए कि इस प्रकार आज तक किसी को गंगाजी ने भेंट नहीं दी थी। गंगाजी के दर्शन करके और स्नान करके पंडित गंगाराम वापस अपने घर पहुँच गया। गंगाराम ने अपनी पत्नी को प्रत्यक्ष दर्शन की सारी कथा सुनाई और गंगाजी का दिया हुआ कंगन अपनी पत्नी को रखने के लिए दे दिया। कुछ दिनों के बाद पंडित गंगाराम की पत्नी ने कहा कि इस कंगन को बाजार में बेच दिया जाए। यह बड़ी कीमत में बिक जाएगा। पैसे लेकर अपना जीवन मजे से गुजारेंगे। हमें किसी प्रकार की कोई कमी नहीं रहेगी।

जब पंडित गंगाराम वह कंगन बाजार में बेचने के लिए गया तो कंगन की जितनी कीमत थी, उसकी कीमत के बराबर किसी के पास धन नहीं था। जो भी सर्राफ कंगन को देखता था, वह हैरान हो जाता था और कहता था कि ऐसा कंगन हमने पहले कभी नहीं देखा।

"तब कुटवारै सुध दई वाकै हाट बिकाए।

भुखन कंगन हाथ को बेचत जन इक आए।।"

इस बात की खबर सिपाही के पास पहुँच गई कि एक आदमी बहुमूल्य कंगन बेचने की कोशिश कर रहा है। सिपाही गंगाराम को पकड़कर राजा के पास ले गए। राजा के पूछने पर गंगाराम ने सारी कथा कह सुनाई कि यह कंगन गंगा माता के हाथ का है, जिसे गंगा माता ने गुरु रविदास को पहुँचाने के लिए दिया था। सारी बातें सुनकर राजा चकित रह गया। राजा ने कहा कि गुरु रविदास को यहाँ बुलाया जाए और उनकी राय ली जाए, तब गुरु रविदास को सादर सभा में बुलाकर कंगन के बारे में पूछा गया।

गुरु रविदास ने कहा कि यह कोई बड़ी बात नहीं है। अभी एक बरतन में गंगा जल डालकर और कंगन उसमें डालकर ऊपर से कपड़ा

देकर ढक दें। मन चंगा तो कठौती में गंगा। गंगाजी इस बात का फैसला कर देंगी। जैसा उन्होंने कहा, सारी सामग्री उसी ढंग से तैयार कर दी गई। तब गुरु रविदास ने गंगाजी को यह निर्णय करने के लिए कहा। जब कपड़ा बरतन से हटाया गया तो दो कंगन नजर आए। राजा और बाकी लोग यह देखकर बहुत प्रसन्ध्न हुए। गुरु रविदास ने दोनों कंगन गंगाराम को दे दिए।

शेख की विनती

गुरु रविदास प्रतिदिन सत्संग किया करते थे। उनके भेदभाव रहित विचारों का संगत पर बहुत प्रभाव होता था। हिंदू–मुसलिम दोनों ही समुदाय के लोग उनके पास परमार्थ लाभ करने के लिए आते थे।

एक दिन की घटना है। एक शेख ने आकर कहा कि हमें भी प्रेम का रंग प्रदान कीजिए। गुरु रविदास जहाँ पर चमड़ा धो रहे थे, उस कुंभ का पानी लिया और शेख को दे दिया। शेख ने उससे ग्लानि की और छुपाकर वह पानी फेंक दिया। उस पानी का छींटा उसकी कमीज पर पड़ गया। घर जाकर उसने कमीज उतारकर नौकरानी को धोने के लिए दे दी।

नौकरानी जब कमीज को धोने लगी तो पानी का वह दाग नहीं उतर रहा था। बहुत प्रयत्न किया, परंतु दाग नहीं उतरा। इसके बाद नौकरानी उस कपड़े को मुँह में लेकर दाग को चूसने लगी। दाग को चूसते ही नौकरानी में अनेक शक्तियाँ प्रवेश कर गईं। उसके परिवर्तन के बारे में जानकर शेख पछताने लगा कि मुझसे यह कैसी भूल हो गई। इसके बाद शेख ने गुरु रविदास के पास जाकर क्षमा–याचना की और उनका शिष्य बन गया। गुरु रविदास ने उसको प्रभु बंदगी का संदेश सुनाया–

"करि बंदगी छाड़ि मैं मेरा।

हिरदे नामु सम्हारि सबेरा।

जनमु सिरानो पंथु न सवारा।

साँझ परी दहदिस अंधियारा।

कहि रविदास निदानि दिवाने।

चेतसि नाहीं पुनीमा फरवाने।"

कर्माबाई की कथा

कर्माबाई की प्रसिद्धि दूर–दूर तक फैली हुई थी। दूर–दूर से संत उनसे मिलने के लिए आते थे। ऐसे ही एक रोज एक महापुरुष आए और कहने लगे कि कर्माबाई, हर रोज भगवान तुम्हारे घर भोजन करने के लिए आते हैं। तुम कैसे भगवान के लिए भोजन तैयार करती हो? कर्माबाई ने अपने सीधे स्वभाव के अनुसार कहा कि मैं प्रभु का स्मरण करते–करते ही भोजन बनाती हूँ। खिचड़ी बनाती हूँ। जिस समय भोजन तैयार हो जाता है, परोसकर रख देती हूँ। भगवान आकर भोजन कर जाते हैं। महापुरुष कर्माबाई से कहने लगे कि तुम्हें भोजन करने से पहले स्नान करना चाहिए। जिन लकड़ियों के साथ आग जलाती हो उनको धोकर, सुखाकर और लेप करके फिर भोजन तैयार करना चाहिए। यह बात सुनकर कर्मा चिंतित हो गई कि मैंने तो कभी ऐसा सोचा ही नहीं।

कर्माबाई ने दूसरे दिन लकड़ियों को धोकर रख दिया, स्नान किया। चौके की सफाई की और भोजन तैयार करने लगीं। भगवान हर रोज की तरह नियत समय पर आए और देखा कि कर्मा ने भोजन अभी तैयार नहीं किया था। वे वापस चले गए। कुछ देर बाद कर्मा ने भोजन तैयार कर दिया और परोस दिया। भगवान आए और भोजन करने लगे। उनके हाथ और मुँह पर अभी खिचड़ी लगी हुई थी कि उसी समय स्वामी रामानंद के दरबार में भी भोजन तैयार करके भोग लगाने के लिए रख दिया गया और रामानंद ने भगवान को बुला लिया। अकसर ऐसा होता है कि भोजन तैयार कर कपड़े से ढक दिया जाता है और भगवान का आह्वान किया जाता है। जब भगवान जल्दी में आए तो रामानंद ने देखा कि भगवान के हाथ और मुँह पर खिचड़ी लगी हुई है। रामानंद ने पूछा कि प्रभु आप यह खिचड़ी कहाँ से खाकर आए हैं और आप आज इस

रूप में कैसे आ गए? भगवान ने कहा कि मैं रोज कर्माबाई के पास खिचड़ी खाने जाता हूँ। आज किसी महापुरुष ने उसे बहका दिया जिस कारण उसने देर से खिचड़ी बनाई। उसने अभी हाथ धुलाए भी नहीं थे कि आपने याद कर लिया। मुझे उसी तरह उठकर आना पड़ा, हाथ–मुँह धोने का समय नहीं मिला। यह सुनकर स्वामी रामानंद दंग रह गए कि कर्माबाई के घर हर रोज भगवान खिचड़ी खाने जाते हैं। स्वामी रामानंद कर्माबाई के घर गए और कहा, "आप हर रोज भगवान के लिए भोजन तैयार करती हैं और भगवान हर रोज खिचड़ी खाने आपके घर आते हैं। आपने ऐसी क्या साधना की है, जिसके कारण भगवान आप पर इतने दयालु हैं?"

कर्माबाई ने कहा कि मैंने तो ऐसी कोई साधना नहीं की, गुरु रविदास की बताई हुई मर्यादा के अनुसार भगवान का स्मरण करती हूँ और भगवान के लिए भोजन तैयार कर देती हूँ।

रानी झाली की कथा

गुरु रविदास की महिमा सुनकर और पवित्र जीवन को देखकर बहुत से राजा–रानी उनके शिष्य बन गए थे। एक बार झाली नाम की रानी चित्तौड़ से गंगा स्नान के लिए काशी आई। उसने गुरु रविदास का नाम सुना तो दर्शन के लिए उनके आश्रम में गई। गुरु रविदास का उपदेश सुनकर उसका मन शांत हो गया।

रानी ने गुरु रविदास से प्रार्थना की कि मुझे अपनी शिष्या बना लीजिए। उन्होंने बार–बार रानी को मना किया कि मैं चमार हूँ और आप क्षत्रियवंशी हैं। आप किसी ब्राह्मण की शिष्या बन जाएँ। रानी झाली ने बहुत हठ किया और अपना संकल्प व्यक्त किया कि आपको ही गुरु बनाऊँगी। ऐसा किए बिना अन्न–जल ग्रहण नहीं करूँगी। गुरु रविदास ने फिर कहा कि अपने से ऊँची जातिवाले का शिष्य होना चाहिए, तब झाली ने प्रार्थना की कि गुरु बनाने में जाति का कोई नियम नहीं है। केवल ब्रह्मज्ञानी गुरु का होना नियम है। जैसे शुकदेव स्वामी ने ब्राह्मण और संन्यासी होने पर भी क्षत्रिय और गृहस्थ राजा जनक को गुरु

बनाया। झाली रानी को योग्य समझकर गुरु रविदास ने उसे अपनी शिष्या बना लिया।

कुछ दिनों के बाद गुरु से आज्ञा लेकर रानी चित्तौड़ लौट गई और अपने पति को सारा हाल सुनाया। रानी झाली के पति के मन में भी गुरु रविदास के प्रति श्रद्धा उत्पन्न हुई। रानी ने पति से अनुरोध किया कि वे गुरु रविदास को राजमहल में आमंत्रित कर सत्संग करवाएँ।

राणा कुंभा ने रानी की बात मानी और वजीरों को गुरु रविदास को बुलाने के लिए भेज दिया। गुरु रविदास को सम्मान सहित चित्तौड़ में बुलाया गया। चित्तौड़ में गुरु रविदास का प्रभावशाली सत्संग हुआ और सभी को भक्ति की प्रेरणा मिली। रानी ने इस अवसर पर भंडारा किया। दूर–दूर से ब्राह्मण समाज को आमंत्रित किया गया। यह भी कहा गया कि सबको एक–एक स्वर्ण की मोहर दक्षिणा में दी जाएगी। काफी लोग भंडारे में पहुँच गए। जब भंडारा तैयार हो गया तो पंक्तियों में सब लोग बैठ गए। उस समय जाति अभिमानी ब्राह्मणों ने सबको उकसाया कि चमार के चेले राजा–रानी का भोजन मत ग्रहण करो। पंक्तियों में से सभी ब्राह्मण उठकर खड़े हो गए। सबने कहा कि हम चमार के साथ भोजन नहीं करेंगे।

"राणा कहे सुना रे भाई, मोरे तो मन इहै सुहाई।
करनी हीन सू मधिम सोई, करनी करे सो उत्तम होई।
उत्तिम मधिम करनी माहिं, मानव देह कहूँ उत्तिम नाहिं।
काम क्रोध लालच नौ द्वारा, ऐठी तन में सबै चमारा।
उत्तिम वही जिनूँ यो जीता, ब्राह्मण किने बालमीक कीता।
जाति–पाँति का नहीं अधिकारा, राम भजै सो उतरै पारा।
नाहिं कछु तुम्हारै सारै, उठी विप्र जाहू अपने द्वारै।
विप्र बहुरि मनि मंह दुषपावै, करोध करै रानी डरपावै।
तब विप्रों ने कहा पहले भोजन हम करेंगे।"

इसके पश्चात् जैसी आपकी मरजी हो वैसा करें। तब राणा ने कहाः–

"राणी कहयो नाहिं मन धीजै,

गुरु पहल तुम्ह कौ क्यूँ दीजै।"

इस प्रकार बहुत वाद–विवाद होने लगा। तब गुरु रविदास ने एक शिष्य को भेजा और कहा––

"हमरे नाहि हारु अरु जीति।

इन्हकी तुम राखो रसनीति।"

मुझे हार–जीत से कोई मतलब नहीं है। जैसे इनकी रीति है, उसके अनुसार ही इनको भोजन करवा दो।

गुरु रविदास की आज्ञा पाकर भोजन परोसा गया। गुरु रविदास विराट रूप धारण कर एक–एक विप्र के साथ बैठकर भोजन करने लगे।

"सबहिं कै संग जीमन बैठा, इनि वापै उनि वापै डीठा।

सबको अचिरज भयो तमासा, जेते विप्र तेते रविदासा।"

जितने विप्र बैठकर भोजन कर रहे थे, गुरु रविदास ने अपने उतने ही शरीर धारण किए। यह देखकर जाति अभिमानी ब्राह्मणों का सिर शर्म से झुक गया।

"सबहिन के मनि उपजी लाजा, साध सतायौ किया अकाजा।

जे वे कोप करे हम ऊपरि, तो अब ही जाहिं सकल जरि बरि।

हम अपराधी वो जन पूरा, उनके साहिब रहत हजूरा।

इहे संत हम एसा पापी, भगतन सौ परि एसी थापी।

साचौ हरि साँचौ हरि जना, यौ पश्चाताप कियौ ब्राह्मणा।

धनि–धनि साहिब तू बड़ा अस बड़े तुम्हारे दास।

जाति–पाँति कुल कछु नहीं ब्राह्मण भये उदास।"

सब विप्रों ने आपस में विचार करके गुरु रविदास का शिष्यत्व ग्रहण कर लिया। गुरु रविदास ने विप्रों से कहा कि प्रभु की भक्ति करो। सिमरन और भक्ति के बिना सारा संसार शूद्र है। विप्र कहने लगे ––

"विप्र कहें तू गुरु हमारा अपनी तोरि जनेऊ डारा।

माथै हाथ देहु अब स्वामी, इस सेवग तुम अंतर जामी।

जाति पाँति पूछो मति कोई, हरि को भजे सो हरि कै होई।"

7

पदावली संत रविदास जी

1. अखि लखि लै नहीं का कहि पंडित, कोई न कहै समझाई

अखि लखि लै नहीं का कहि पंडित, कोई न कहै समझाई।
अबरन बरन रूप नहीं जाके, सु कहाँ ल्यौ लाइ समाई।। टेक।।
चंद सूर नहीं राति दिवस नहीं, धरनि अकास न भाई।
करम अकरम नहीं सुभ असुभ नहीं, का कहि देहु बड़ाई।।१।।
सीत बाइ उश्न नहीं सरवत, कांम कुटिल नहीं होई।
जोग न भोग रोग नहीं जाकै, कहौ नांव सति सोई।।२।।
निरंजन निराकार निरलेपहि, निरबिकार निरासी।
काम कुटिल ताही कहि गावत, हर हर आवै हासी।।३।।
गगन धूर धूसर नहीं जाकै, पवन पूर नहीं पांनी।
गुन बिगुन कहियत नहीं जाकै, कहौ तुम्ह बात सयांनीं।।४।।
याही सूँ तुम्ह जोग कहते हौ, जब लग आस की पासी।
छूटै तब हीं जब मिलै एक ही, भणै रैदास उदासी।।५।।

2. अब कुछ मरम बिचारा हो हरि

अब कुछ मरम बिचारा हो हरि।

आदि अंति औसांण राम बिन, कोई न करै निरवारा हो हरि।। टेक।।

जल मैं पंक पंक अमृत जल, जलहि सुधा कै जैसैं।

ऐसैं करमि धरमि जीव बाँध्यौ, छूटै तुम्ह बिन कैसैं हो हरि।।१।।

जप तप बिधि निषेद करुणांमैं, पाप पुनि दोऊ माया।

अस मो हित मन गति विमुख धन, जनमि जनमि डहकाया हो हरि।।२।।

ताड़ण, छेदण, त्रायण, खेदण, बहु बिधि करि ले उपाई।

लूंण खड़ी संजोग बिनां, जैसैं कनक कलंक न जाई।।३।।

भणैं रैदास कठिन कलि केवल, कहा उपाइ अब कीजै।

भौ बूड़त भैभीत भगत जन, कर अवलंबन दीजै।।४।।

3. अब कैसे छूटै राम नाम रट लागी

अब कैसे छूटै राम नाम रट लागी ।

प्रभु जी, तुम चंदन हम पानी, जाकी अँग–अँग बास समानी ।

प्रभु जी, तुम घन बन हम मोरा, जैसे चितवत चंद चकोरा ।

प्रभु जी, तुम दीपक हम बाती, जाकी जोति बरै दिन राती ।

प्रभु जी, तुम मोती हम धागा, जैसे सोनहिं मिलत सुहागा ।

प्रभु जी, तुम तुम स्वामी हम दासा, ऐसी भक्ति करै रैदासा ।

4. अब मैं हार्यौ रे भाई

अब मैं हार्यौ रे भाई।

थकित भयौ सब हाल चाल थैं, लोग न बेद बड़ाई।। टेक।।

थकित भयौ गाइण अरु नाचण, थाकी सेवा पूजा।
काम क्रोध थैं देह थकित भई, कहूँ कहाँ लूँ दूजा।।१।।
रांम जन होउ न भगत कहाँऊँ, चरन पखालूँ न देवा।
जोई–जोई करौ उलटि मोहि बाधै, ताथैं निकटि न भेवा।।२।।
पहली ग्यांन का कीया चांदिणां, पीछैं दीया बुझाई।
सुनि सहज मैं दोऊ त्यागे, राम कहूँ न खुदाई।।३।।
दूरि बसै षट क्रम सकल अरु, दूरिब कीन्हे सेऊ।
ग्यान ध्यानं दोऊ दूरि कीन्हे, दूरिब छाड़े तेऊ।।४।।
पंचू थकित भये जहाँ–तहाँ, जहाँ–तहाँ थिति पाई।
जा करनि मैं दौर्यौ फिरतौ, सो अब घट मैं पाई।।५।।
पंचू मेरी सखी सहेली, तिनि निधि दई दिखाई।
अब मन फूलि भयौ जग महियां, उलटि आप मैं समाई।।६।।
चलत चलत मेरौ निज मन थाक्यौ, अब मोपैं चल्यौ न जाई।
सांई सहजि मिल्यौ सोई सनमुख, कहै रैदास बताई।।७।।

5. अब मोरी बूड़ी रे भाई

अब मोरी बूड़ी रे भाई।
ता थैं चढ़ी लोग बड़ाई।। टेक।।
अति अहंकार ऊर मां, सत रज तामैं रह्यौ उरझाई।
करम बलि बसि पर्यौ कछू न सूझै, स्वांमी नांऊं भुलाई।।१।।
हम मांनूं गुनी जोग सुनि जुगता, हम महा पुरिष रे भाई।
हम मांनूं सूर सकल बिधि त्यागी, ममिता नहीं मिटाई।।२।।
मांनूं अखिल सुनि मन सोध्यौ, सब चेतनि सुधि पाई।

ग्यांन ध्यांन सब हीं हंम जांन्यूं, बूझै कौंन सूं जाई।।३।।

हम मांनूं प्रेम प्रेम रस जांन्यूं, नौ बिधि भगति कराई।

स्वांग देखि सब ही जग लटक्यौ, फिरि आपन पौर बधाई।।४।।

स्वांग पहरि हम साच न जांन्यूं, लोकनि इहै भरमाई।

स्यंघ रूप देखी पहराई, बोली तब सुधि पाई।।५।।

ऐसो भगति हमारी संतौ, प्रभुता इहै बड़ाई।

आपन अनिन और नहीं मांनत, ताथैं मूल गँवाई।।६।।

भणैं रैदास उदास ताही थैं, इब कछू मोपैं करी न जाई।

आपौ खोयां भगति होत है, तब रहै अंतरि उरझाई।।७।। (राग रामकली)

6. अब हम खूब बतन घर पाया

अब हम खूब बतन घर पाया।

उहाॅ खैर सदा मेरे भाया।। टेक।।

बेगमपुर सहर का नांउं, फिकर अंदेस नहीं तिहि ठॉव।।१।।

नही तहॉ सीस खलात न मार, है फन खता न तरस जवाल।।२।।

आंवन जांन रहम महसूर, जहॉ गनियाव बसै माबूँद।।३।।

जोइ सैल करै सोई भावै, महरम महल मै को अटकावै।।४।।

कहै रैदास खलास चमारा, सो उस सहरि सो मीत हमारा।।५।।

(राग गौड़ी)

7. अबिगत नाथ निरंजन देवा

अबिगत नाथ निरंजन देवा।

मैं का जांनूं तुम्हारी सेवा।। टेक।।

बांधू न बंधन छांऊँ न छाया, तुमहीं सेऊँ निरंजन राया।।१।।

चरन पताल सीस असमांना, सो ठाकुर कैसैं संपटि समांना।।२।।

सिव सनिकादिक अंत न पाया, खोजत ब्रह्मा जनम गवाया।।३।।

तोड़ूँ न पाती पूजौं न देवा, सहज समाधि करौं हरि सेवा।।४।।

नख प्रसेद जाकै सुरसुरी धारा, रोमावली अठारह भारा।।५।।

चारि बेद जाकै सुमृत सासा, भगति हेत गावै रैदासा।।६।।

8. अहो देव तेरी अमित महिमां, महादैवी माया

अहो देव तेरी अमित महिमां, महादैवी माया।

मनुज दनुज बन दहन, कलि विष कलि किरत सबै समय समंन।।

निरबांन पद भुवन, नांम बिघनोघ पवन पात।। टेक।।

गरग उत्तम बांमदेव, विस्वामित्र ब्यास जमदंग्नि श्रिंगी ऋषि दुर्बासा।

मारकंडेय बालमीक भ्रिगु अंगिरा, कपिल बगदालिम सुकमातंम न्यासा।।१।।

अत्रिय अष्टाब्रक गुर गंजानन, अगस्ति पुलस्ति पारासुर सिव विधाता।

रिष जड़ भरथ सऊ भरिष, चिवनि बसिष्टि जिह्वनि ज्यागबलिक तव ध्यांनि राता।।२।।

ध्रु अंबरीक प्रहलाद नारद, बिदुर द्रोवणि अक्रूर पांडव सुदांमां।

भीषम उधव बभीषन चंद्रहास, बलि कलि भक्ति जुक्ति जयदेव नांमां।।३।।

गरुड़ हनूमांनु मांन जनकात्मजा, जय बिजय द्रोपदी गिरि सुता श्री प्रचेता।

रुकमांगद अंगद बसदेव देवकी, अवर अमिनत भक्त कहूँ केता।।४।।

हे देव सेष सनकादि श्रुति भागवत, भारती स्तवत अनिवरत गुणर्दुबगेवं।

अकल अबिछन ब्यापक ब्रह्ममेक रस सुध चौतंनि पूरन मनेवं।।५।।

सरगुण निरगुण निरामय निरबिकार, हरि अज निरंजन बिमल अप्रमेवं।

प्रमात्मां प्रक्रिति पर प्रमुचित, सचिदानंद गुर ग्यांन मेवं।।६।।

हे देव पवन पावक अवनि, जलधि जलधर तरंनि।

काल जाम मिृति ग्रह ब्याध्य बाधा, गज भुजंग भुवपाल।

ससि सक्र दिगपाल, आग्या अनुगत न मुचत मृजादा।।७।।

अभय बर ब्रिद प्रतंग्या सति संकल्प, हरि दुष्ट तारंन चरंन सरंन तेरैं।

दास रैदास यह काल ब्याकुल, त्राहि त्राहि अवर अवलंबन नहीं मेरैं।।८।।

(राग धनाश्री)

9. आज दिवस लेऊँ बलिहारा

आज दिवस लेऊँ बलिहारा।

मेरे घर आया रामका प्यारा टेक।।

आँगन बँगला भवन भयो पावन।

हरिजन बैठे हरिजस गावन।१।

करूँ डंडवत चरन पखारूँ।

तन–मन–धन उन उपरि वारूँ।२।

कथा कहै अरु अरथ बिचारैं।

आप तरैं औरन को तारैं।३।

कह रैदास मिलैं निज दासा।

जनम जनमकै काटैं पासा।४।

10. आज नां द्यौस नां ल्यौ बलिहारा

आज नां द्यौस नां ल्यौ बलिहारा।

मेरे ग्रिह आया राजा रांम जी का प्यारा।। टेक।।

आंगण बठाड़ भवन भयौ पांवन, हरिजन बैठे हरि जस गावन।।१।।

करूँ डंडौत चरन पखालूँ, तन मन धंन उन ऊपरि वारौं।।२।।

कथा कहै अरु अरथ बिचारै, आपन तिरैं और कूँ तारैं।।३।।

कहै रैदास मिले निज दास, जनम जनम के कटे पास।।४।।

(राग गुंड)

11. आयौ हो आयौ देव तुम्ह सरनां

आयौ हो आयौ देव तुम्ह सरनां।

जांनि क्रिया कीजै अपनों जनां।। टेक।।

त्रिबिधि जोनी बास, जम की अगम त्रास, तुम्हारे भजन बिन, भ्रमत फिर्यौं।

ममिता अहं विषै मदि मातौ, इहि सुखि कबहूँ न दूभर तिर्यौं।।१।।

तुम्हारे नांइ बेसास, छाड़ी है आंन की आस, संसारी धरम मेरौ मन न धीजै।

रैदास दास की सेवा मांनि हो देवाधिदेवा, पतितपांवन, नांउ प्रकट कीजै।।२।।

(राग रामकली)

12. इहि तनु ऐसा जैसे घास की टाटी

इहि तनु ऐसा जैसे घास की टाटी।

जलि गइओ घासु रलि गइओ माटी।। टेक।।

ऊँचे मंदर साल रसोई। एक घरी फुनी रहनु न होई।।१।।

भाई बंध कुटंब सहेरा। ओइ भी लागे काढु सवेरा।।२।।

घर की नारि उरहि तन लागी। उह तउ भूतु करि भागी।।३।।

कहि रविदास सभै जग लूटिआ। हम तउ एक राम कहि छूटिआ।।४।।

(राग सूही)

13. इहै अंदेसा सोचि जिय मेरे

इहै अंदेसा सोचि जिय मेरे।

निस बासुरि गुन गाँऊँ रांम तेरे।। टेक।।

तुम्ह च्यतंत मेरी च्यंता हो न जाई, तुम्ह च्यंतामनि होऊ कि नांहीं।।१।।

भगति हेत का का नहीं कीन्हा, हमारी बेर भये बल हीनां।।२।।

कहै रैदास दास अपराधी, जिहि तुम्ह ढरवौ सो मैं भगति न साधी।।३।।

(राग सोरठी)

14. ऐसा ध्यान धरूँ बनवारी

ऐसा ध्यान धरूँ बनवारी।

मन पवन दिढ सुषमन नारी।। टेक।।

सो जप जपूँ जु बहुरि न जपनां, सो तप तपूं जु बहुरि न तपनां।

सो गुर करौं जु बहुरि न करनां, ऐसे मरूँ जैसे बहुरि न मरनां।।१।।

उलटी गंग जमुन मैं ल्याऊँ, बिन हीं जल संजम कै आंऊँ।

लोचन भरि भरि ब्यंव निहारूँ, जोति बिचारि न और बिचारूँ।।२।।

प्यंड परै जीव जिस घरि जाता, सबद अतीत अनाहद राता।

जा परि कृपा सोई भल जांनै, गूंगो सा कर कहा बखांनैं।।३।।

सुंनि मंडल मैं मेरा बासा, ताथैं जीव मैं रहूँ उदासा।

कहै रैदास निरंजन ध्याऊँ, जिस धरि जांऊँ (जब) बहुरि न आंऊँ।।४।।

(राग भैरूँ)

15. ऐसी भगति न होइ रे भाई

ऐसी भगति न होइ रे भाई।

रांम नांम बिन जे कुछ करिये, सो सब भरम कहाई।। टेक।।

भगति न रस दांन, भगति न कथै ग्यांन, भगत न बन मैं गुफा खुँदाई।

भगति न ऐसी हासि, भगति न आसा पासि, भगति न यहु सब कुल कानि गँवाई।।१।।

भगति न इंद्री बाधें, भगति न जोग साधें, भगति न अहार घटायें, ए सब क्रम कहाई।

भगति न निद्रा साधें, भगति न बैराग साधें, भगति नहीं यहु सब बेद बड़ाई।।२।।

भगति न मूंड़ मुड़ायें, भगति न माला दिखायें, भगत न चरन धुवांयें, ए सब गुनी जन कहाई।

भगति न तौ लौं जांनीं, जौ लौं आप कूँ आप बखांनीं, जोई जोई करै सोई क्रम चढ़ाई।।३।।

आपौ गयौ तब भगति पाई, ऐसी है भगति भाई, राम मिल्यौ आपौ गुण खोयौ, रिधि सिधि सबै जु गँवाई।

कहै रैदास छूटी ले आसा पास, तब हरि ताही के पास, आतमां स्थिर तब सब निधि पाई।।४।।

16. ऐसी मेरी जाति भिख्यात चमारं

ऐसी मेरी जाति भिख्यात चमारं।

हिरदै राम गौब्यंद गुन सारं।। टेक।।

सुरसुरी जल लीया क्रित बारूणी रे, जैसे संत जन करता नहीं पांन।

सुरा अपवित्र नित गंग जल मांनियै, सुरसुरी मिलत नहीं होत आंन।।१।।

ततकरा अपवित्र करि मांनियैं, जैसें कागदगर करत बिचारं।

भगत भगवंत जब ऊपरैं लेखियैं, तब पूजियै करि नमसकारं।।२।।

अनेक अधम जीव नांम गुण उधरे, पतित पांवन भये परसि सारं।

भणत रैदास ररंकार गुण गावतां, संत साधू भये सहजि पारं।।३।।

(राग आसा)

17. ऐसी लाल तुझ बिनु कउनु करै

ऐसी लाल तुझ बिनु कउनु करै।

गरीब निवाजु गुसाईआ मेरा माथै छत्रु धरै।

जाकी छोति जगत कउ लागै ता पर तुहीं ढरै।

नीचउ ऊच करै मेरा गोबिंदु काहू ते न डरै।

नामदेव कबीरू तिलोचनु सधना सैनु तरै।

कहि रविदासु सुनहु रे संतहु हरिजीउ ते सभै सरै।

18. ऐसे जानि जपो रे जीव

ऐसे जानि जपो रे जीव।

जपि ल्यो राम न भरमो जीव।। टेक।।

गनिका थी किस करमा जोग, परपूरुष सो रमती भोग।।१।।

निसि बासर दुस्करम कमाई, राम कहत बैकुंठ जाई।।२।।

नामदेव कहिए जाति कै ओछ, जाको जस गावै लोक।।३।।

भगति हेत भगता के चले, अंकमाल ले बीठल मिले।।४।।

कोटि जग्य जो कोई करै, राम नाम सम तउ न निस्तरै।।५।।

निरगुन का गुन देखो आई, देही सहित कबीर सिधाई।।६।।

मोर कुचिल जाति कुचिल में बास, भगति हेतु हरिचरन निवास।।७।।

चारिउ बेद किया खंडौति, जन रैदास करै डंडौति।।८।।

(राग गौड़)

19. ऐसौ कछु अनभै कहत न आवै

ऐसौ कछु अनभै कहत न आवै।

साहिब मेरौ मिलै तौ को बिगरावै।। टेक।।

सब मैं हरि हैं हरि मैं सब हैं, हरि आपनपौ जिनि जांनां।

अपनी आप साखि नहीं दूसर, जांननहार समांनां।।१।।

बाजीगर सूँ रहनि रही जै, बाजी का भरम इब जांनं।

बाजी झूठ साच बाजीगर, जानां मन पतियानां।।२।।

मन थिर होइ तौ कांइ न सूझै, जांनैं जांनन हारा।

कहै रैदास बिमल बसेक सुख, सहज सरूप संभारा।।३।।

(राग रामकली)

20. कवन भगितते रहै प्यारो पाहुनो रे

कवन भगितते रहै प्यारो पाहुनो रे।

घर घर देखों मैं अजब अभावनो रे।टेक।

मैला मैला कपड़ा केता एक धोऊँ।

आवै आवै नींदहि कहाँलों सोऊँ।१।

ज्यों ज्यों जोड़ै त्यों त्यों फाटै।

झूठै सबनि जरै उड़ि गये हाटै।२।

कह रैदास परौ जब लेख्यौ।

जोई जोई, कियो रे सोई सोई देख्यौ।३।

21. कहा सूते मुगध नर काल के मंझि मुख

कहा सूते मुगध नर काल के मंझि मुख।

तजि अब सति राम च्यंतत अनेक सुख।। टेक।।

असहज धीरज लोप, कृश्न उधरन कोप, मदन भवंग नहीं मंत्र जंत्रा।

विषम पावक झाल, ताहि वार न पार, लोभ की श्रपनी ग्यानं हंता।।१।।

विषम संसार भौ लहरि ब्याकुल तवै, मोह गुण विषै सन बंध भूता।

टेरि गुर गारड़ी मंत्र श्रवणं दीयौ, जागि रे रांम कहि कांइ सूता।।२।।

सकल सुमृति जिती, संत मिति कहैं तिती, पाइ नहीं पनंग मति परंम बेता।

ब्रह्म रिषि नारदा स्यंभ सनिकादिका, राम रमि रमत गये परितेता।।३।।

जजनि जाप निजाप रटणि तीर्थ दांन, वोखदी रसिक गदमूल देता।

नाग दवणि जरजरी, रांम सुमिरन बरी, भणत रैदास चेतनि चेता।।४।।

22. कहि मन रांम नांम संभारि

कहि मन रांम नांम संभारि।

माया कै भ्रमि कहा भूलौ, जांहिगौ कर झारि।। टेक।।

देख धूँ इहाँ कौन तेरौ, सगा सुत नहीं नारि।

तोरि तंग सब दूरि करि हैं, दैहिंगे तन जारि।।१।।

प्रान गयैं कहु कौंन तेरौ, देख सोचि बिचारि।
बहुरि इहि कल काल मांही, जीति भावै हारि।।२।।
यहु माया सब थोथरी, भगति दिसि प्रतिपारि।
कहि रैदास सत बचन गुर के, सो जीय थैं न बिसारि।।३।।
(राग केदारौ)

23. कान्हां हो जगजीवन मोरा

कान्हां हो जगजीवन मोरा।
तू न बिसारीं रांम मैं जन तोरा।। टेक।।
संकुट सोच पोच दिन राती, करम कठिन मेरी जाति कुभाती।।१।।
हरहु बिपति भावै करहु कुभाव, चरन न छाडूँ जाइ सु जाव।
कहै रैदास कछु देऊ अवलंबन, बेगि मिलौ जनि करहु बिलंबन।।२।।
(राग रामकली)

24. किहि बिधि अणसरूं रे, अति दुलभ दीनदयाल

किहि बिधि अणसरूं रे, अति दुलभ दीनदयाल।
मैं महाबिषई अधिक आतुर, कांमना की झाल।। टेक।।
कह द्यंभ बाहरि कीयैं, हरि कनक कसौटी हार।
बाहरि भीतरि साखि तू, मैं कीयौ सुसा अंधियार।।१।।
कहा भयौ बहु पाखंड कीयैं, हरि हिरदै सुपिनैं न जांन।
ज्यू दारा बिभचारनीं, मुख पतिब्रता जीय आंन।।२।।
मैं हिरदै हारि बैठो हरी, मो पैं सर्यौं न एको काज।
भाव भगति रैदास दे, प्रतिपाल करौ मोहि आज।।३।।
(राग सोरठी)

25. केसवे बिकट माया तोर

केसवे बिकट माया तोर।

ताथैं बिकल गति मति मोर।। टेक।।

सु विष डसन कराल अहि मुख, ग्रसित सुठल सु भेख।

निरखि माखी बकै व्याकुल, लोभ काल न देख।।१।।

इन्द्रीयादिक दुख दारुन, असंख्यादिक पाप।

तोहि भजत रघुनाथ अंतरि, ताहि त्रास न ताप।।२।।

प्रतंग्या प्रतिपाल चहुँ जुगि, भगति पुरवन कांम।

आस तोर भरोस है, रैदास जै जै राम।।३।।

26. कौंन भगति थैं रहै प्यारे पांहुनौं रे

कौंन भगति थैं रहै प्यारे पांहुनौं रे।

धरि धरि देखैं मैं अजब अभावनौं रे।। टेक।।

मैला मैला कपड़ा केताकि धोउँ, आवै आवै नींदड़ी कहाँ लौं सोऊँ।।१।।

ज्यूँ ज्यूँ जोड़ौं त्यूँ त्यूँ फाटे, झूठे से बनजि रे उठि गयौ हाटे।।२।।

कहैं रैदास पर्यौ जब लेखौ, जोई जोई कीयौ रे, सोई सोई देखौ।।३।।

(राग धनाश्री)

27. कोई सुमार न देखौं, ए सब ऊपिली चोभा

कोई सुमार न देखौं, ए सब ऊपिली चोभा।

जाकौं जेता प्रकासै, ताकौं तेती ही सोभा।। टेक।।

हम ही पै सीखि सीखि, हम हीं सूँ मांडै।

थोरै ही इतराइ चालै, पातिसाही छाडै।।१।।

अति हीं आतुर बहै, काचा हीं तोरै।
कुंडै जलि ऐसै, न हींयां डरै खोरै।।२।।
थोरैं थोरैं मुसियत, परायौ धंनां।
कहै रैदास सुनौं, संत जनां।।३।।

(राग गौड़ी)

28. क्या तू सोवै जणिं दिवांनां

क्या तू सोवै जणिं दिवांनां।
झूठा जीवनां सच करि जांनां।। टेक।।
जिनि जीव दिया सो रिजकअ बड़ावै, घट घट भीतरि रहट चलावै।
करि बंदिगी छाड़ि मैं मेरा, हिरदै का रांम संभालि सवेरा।।१।।
जो दिन आवै सौ दुख मैं जाई, कीजै कूच रह्यां सच नांहीं।
संग चल्या है हम भी चलनां, दूरि गवन सिर ऊपरि मरनां।।२।।
जो कुछ बोया लुनियें सोई, ता मैं फेर फार कछू न होई।
छाडेअं कूर भजे हरि चरनां, ताका मिटै जनम अरु मरनां।।३।।
आगैं पंथ खरा है झीनां, खाडै धार जिसा है पैंनां।
तिस ऊपरि मारग है तेरा, पंथी पंथ संवारि सवेरा।।४।।
क्या तैं खरच्या क्या तैं खाया, चल दरहाल दीवांनि बुलाया।
साहिब तोपैं लेखा लेसी, भीड़ पड़े तू भरि भरिदेसी।।५।।
जनम सिरांनां कीया पसारा, सांझ पड़ी चहु दिसि अंधियारा।
कहै रैदासा अग्यांन दिवांनां, अजहूँ न चेतै दुनी फंध खांनां।।६।।

(राग विलावल)

29. खांलिक सकिसता मैं तेरा

खांलिक सकिसता मैं तेरा।

दे दीदार उमेदगार बेकरार जीव मेरा।। टेक।।

अवलि आख्यर इलल आदंम, मौज फरेस्ता बंदा।

जिसकी पनह पीर पैकंबर, मैं गरीब क्या गंदा।।१।।

तू हानिरां हजूर जोग एक, अवर नहीं दूजा।

जिसकै इसक आसिरा नांहीं, क्या निवाज क्या पूजा।।२।।

नाली दोज हनोज बेबखत, कमि खिजमतिगार तुम्हारा।

दरमादा दरि ज्वाब न पावै, कहै रैदास बिचारा।।३।।

(राग विलावल)

30. गाइ गाइ अब का कहि गाऊँ

गाइ गाइ अब का कहि गाऊँ।

गावणहारा कौ निकटि बतांऊँ।।टेक।।

जब लग है या तन की आसा, तब लग करै पुकारा।

जब मन मिट्यौ आसा नहीं की, तब को गाँवणहारा।।१।।

जब लग नदी न संमदि समावै, तब लग बढ़ै अहंकारा।

जब मन मिल्यौ रांम सागर सूँ, तब यहु मिटी पुकारा।।२।।

जब लग भगति मुकति की आसा, परम तत सुणि गावै।

जहाँ जहाँ आस धरत है यहु मन, तहाँ तहाँ कछू न पावै।।३।।

छाड़ै आस निरास परंमपद, तब सुख सति करि होई।

कहै रैदास जासूँ और कहत हैं, परम तत अब सोई।।४।।

(राग रामकली)

31 गोबिंदे तुम्हारे से समाधि लागी

गोबिंदे तुम्हारे से समाधि लागी।

उर भुअंग भस्म अंग संतत बैरागी।। टेक।।

जाके तीन नैन अमृत बैन, सीसा जटाधारी, कोटि कलप ध्यान अलप, मदन अंतकारी।।१।।

जाके लील बरन अकल ब्रह्म, गले रुण्डमाला, प्रेम मगन फिरता नगन, संग सखा बाला।।२।।

अस महेश बिकट भेस, अजहूँ दरस आसा, कैसे राम मिलौं तोहि, गावै रैदासा।।३।।

(राग विलावल)

32. गौब्यंदे भौ जल ब्याधि अपारा

गौब्यंदे भौ जल ब्याधि अपारा।

तामैं कछू सूझत वार न पारा।। टेक।।

अगम ग्रेह दूर दूरंतर, बोलि भरोस न देहू।

तेरी भगति परोहन, संत अरोहन, मोहि चढ़ाइ न लेहू।।१।।

लोह की नाव पखांनि बोझा, सुकृत भाव बिहूंनां।

लोभ तरंग मोह भयौ पाला, मीन भयौ मन लीना।।२।।

दीनानाथ सुनहु बीनती, कौंनै हेतु बिलंबे।

रैदास दास संत चरंन, मोहि अब अवलंबन दीजै।।३।।

33. चमरटा गाँठि न जनई

चमरटा गाँठि न जनई।

लोग गठावै पनही।।टेक।।

आर नहीं जिह तोपउ।

नहीं रांबी ठाउ रोपउ।।१।।

लोग गंठि गंठि खरा बिगूचा।

हउ बिनु गांठे जाइ पहूचा।।२।।

रविदासु जपै राम नामा,

मोहि जम सिउ नाही कामा।।३।।

(राग सोरठी)

34. चलि मन हरि चटसाल पढ़ाऊँ

चलि मन हरि चटसाल पढ़ाऊँ।। टेक।।

गुरु की साटि ग्यांन का अखिर, बिसरै तौ सहज समाधि लगाऊँ।।१।।

प्रेम की पाटी सुरति की लेखनी करिहूं, ररौ ममौ लिखि आंक दिखांऊँ।।२।।

इहिं बिधि मुक्ति भये सनकादिक, रिदौ बिदारि प्रकास दिखाऊँ।।३।।

कागद कैवल मति मसि करि नृमल, बिन रसना निसदिन गुण गाऊँ।।४।।

कहै रैदास राम जपि भाई, संत साखि दे बहुरि न आऊँ।।५।।

(राग कानड़ा)

35. जग मैं बेद बैद मांनी जें

जग मैं बेद बैद मांनी जें।

इनमैं और अंगद कछु औरे, कहौ कवन परिकीजै।। टेक।।

भौ जल ब्याधि असाधिअ प्रबल अति, परम पंथ न गही जै।

पढ़ैं गुनैं कछू समझि न परई, अनभै पद न लही जै।।१।।

चखि बिहूंन कतार चलत हैं, तिनहूँ अंस भुज दीजै।

कहै रैदास बमेक तत बिन, सब मिलि नरक परी जै।।२।।

(राग सारंग)

36. जन कूँ तारि तारि तारि तारि बाप रमइया

जन कूँ तारि तारि तारि तारि बाप रमइया।

कठन फंध पर्यौ पंच जमइया।। टेक।।

तुम बिन देव सकल मुनि ढूँढ़े, कहूँ न पायौ जम पासि छुड़इया।।१।।

हमसे दीन, दयाल न तुमसे, चरन सरन रैदास चमइया।।२।।

(राग धनाश्री)

37. जब रामनाम कहि गावैगा

जब रामनाम कहि गावैगा,

तब भेद अभेद समावैगा टेक।।

जे सुख ह्वैं या रसके परसे,

सो सुखका कहि गावैगा।१।

गुरु परसाद भई अनुभौ मति,

बिस अमरित सम धावैगा।२।

कह रैदास मेटि आपा–पर,

तब वा ठौरहि पावैगा।३।

38. जयौ रांम गोब्यंद बीठल बासदेव

जयौ रांम गोब्यंद बीठल बासदेव।

हरि बिश्न बैकुंठ मधुकीटभारी।।

कृश्न केसों रिषीकेस कमलाकंत।

अहो भगवंत त्रिबधि संतापहारी।। टेक।।

अहो देव संसार तौ गहर गंभीर।

भीतरि भ्रमत दिसि ब दिसि, दिसि कछू न सूझै।।

बिकल ब्याकुल खेंद, प्रणतंत परमहेत।

ग्रसित मति मोहि मारग न सूझै।।

देव इहि औसरि आंन, कौंन संक्या समांन।

देव दीन उधंरन, चरंन सरन तेरी।।

नहीं आंन गति बिपति कौं हरन और।

श्रीपति सुनसि सीख संभाल प्रभु करहु मेरी।।१।।

अहो देव कांम केसरि काल, भुजंग भांमिनी भाल।

लोभ सूकर क्रोध बर बारनूँ।।२।।

ग्रब गैंडा महा मोह टटनीं, बिकट निकट अहंकार आरनूँ।

जल मनोरथ ऊरमीं, तरल तृसना मकर इन्द्री जीव जंत्रक मांही।

समक ब्याकुल नाथ, सत्य बिष्यादिक पंथ, देव देव विश्राम नांही।।३।।

अहो देव सबै असंगति मेर, मधि फूटा भेर।

नांव नवका बड़ैं भागि पायौ।

बिन गुर करणधार डोलै न लागै तीर।

विषै प्रवाह औ गाह जाई।

देव किहि करौं पुकार, कहाँ जाँऊँ।

कासूँ कहूँ, का करूँ अनुग्रह दास की त्रासहारी।

इति ब्रत मांन और अवलंबन नहीं।

तो बिन त्रिबधि नाइक मुरारी।।३।।

अहो देव जेते कयैं अचेत, तू सरबगि मैं न जांनूं।

ग्यांन ध्यांन तेरौ, सत्य सतिम्रिद परपन मन सा मल।

मन क्रम बचन जंमनिका, ग्यान बैराग दिढ़ भगति नाहीं।

मलिन मति रैदास, निखल सेवा अभ्यास।

प्रेम बिन प्रीति सकल संसै न जांहीं।।४।।

(राग धनाश्री)

39. जिनि थोथरा पिछोरे कोई

जिनि थोथरा पिछोरे कोई।

जो र पिछौरे जिहिं कण होई।। टेक।।

झूठ रे यहु तन झूठी माया, झूठा हरि बिन जन्म गंवाया।।१।।

झूठा रे मंदिर भोग बिलासा, कहि समझावै जन रैदासा।।२।। (राग सोरठी)

40. जिह कुल साधु बैसनो होइ

जिह कुल साधु बैसनो होइ।

बरन अबरन रंकु नहीं ईसरू बिमल बासु जानी ऐ जगि सोइ।। टेक।।

ब्रहमन बैस सूद अरु ख्यत्री डोम चंडार मलेछ मन सोइ।

होइ पुनीत भगवंत भजन ते आपु तारि तारे कुल दोइ।।१।।

धंनि सु गाउ धंनि सो ठाउ धंनि पुनीत कुटंब सभ लोइ।

जिनि पीआ सार रसु तजे आन रस होइ रस मगन डारे बिखु खोइ।।२।।

पंडित सूर छत्रपति राजा भगत बराबरि अउरु न कोइ।

जैसे पुरैन पात रहै जल समीप भनि रविदास जनमें जगि ओइ।।३।।

(राग विलावल)

41. जीवत मुकंदे मरत मुकंदे

जीवत मुकंदे मरत मुकंदे।

ताके सेवक कउ सदा अनंदे।। टेक।।

मुकंद–मुकंद जपहु संसार। बिन मुकंद तनु होइ अउहार।

सोई मुकंदे मुकति का दाता। सोई मुकंदु हमरा पित माता।।१।।

मुकंद–मुकंदे हमारे प्रानं। जपि मुकंद मसतकि नीसानं।

सेव मुकंदे करै बैरागी। सोई मुकंद दुरबल धनु लाधी।।२।।

एक मुकंदु करै उपकारू। हमरा कहा करै संसारू।

मेटी जाति हूए दरबारि। तुही मुकंद जोग जुगतारि।।३।।

उपजिओ गिआनु हूआ परगास। करि किरपा लीने करि दास।

कहु रविदास अब त्रिसना चूकी। जपि मुकंद सेवा ताहू की।।४।।

(राग गौड़ी)

42. जो तुम तोरौ रांम मैं नहीं तोरौं

जो तुम तोरौ रांम मैं नहीं तोरौं।

तुम सौं तोरि कवन सूँ जोरौं।। टेक।।

तीरथ ब्रत का न करौं अंदेसा, तुम्हारे चरन कवल का भरोसा।।१।।

ज्हाँ जहाँ जांऊँ तहाँ तुम्हारी पूजा, तुम्ह सा देव अवर नहीं दूजा।।२।।

मैं हरि प्रीति सबनि सूँ तोरी, सब स्यौं तोरि तुम्हैं स्यूँ जोरी।।३।।

सब परहरि मैं तुम्हारी आसा, मन क्रम वचन कहै रैदासा।।४।।
(राग सोरठी)

43. जो मोहि बेदन का सजि आखूँ

जो मोहि बेदन का सजि आखूँ।

हरि बिन जीव न रहै कैसैं करि राखूँ।। टेक।।

जीव तरसै इक दंग बसेरा, करहु संभाल न सुरि जन मोरा।

बिरह तपै तनि अधिक जरावै, नींदड़ी न आवै भोजन नहीं भावै।।१।।

सखी सहेली ग्रब गहेली, पीव की बात न सुनहु सहेली।

मैं रे दुहागनि अधिक रंजानी, गया सजोबन साध न मांनीं।।२।।

तू दांना सांईंसाहिब मेरा, खिजमतिगार बंदा मैं तेरा।

कहै रैदास अंदेसा एही, बिन दरसन क्यूँ जीवैं हो सनेही।।३।।

(राग विलावल)

44. तब रांम रांम कहि गावैगा

तब रांम रांम कहि गावैगा।

ररंकार रहित सबहिन थैं, अंतरि मेल मिलावैगा।। टेक।।

लोहा सम करि कंचन समि करि, भेद अभेद समावैगा।

जो सुख कै पारस के परसें, तो सुख का कहि गावैगा।।१।।

गुर प्रसादि भई अनभै मति, विष अमृत समि धावैगा।

कहै रैदास मेटि आपा पर, तब वा ठौरहि पावैगा।।२।।

45. ताथैं पतित नहीं को अपांवन

ताथैं पतित नहीं को अपांवन। हरि तजि आंनहि ध्यावै रे।

हम अपूजि पूजि भये हरि थैं, नांउं अनूपम गावै रे।। टेक।।

अष्टादस ब्याकरन बखांनै, तीनि काल षट जीता रे।

प्रेम भगति अंतरगति नांहीं, ताथैं धानुक नीका रे।।१।।

ताथैं भलौ स्वांन कौ सत्रु, हरि चरनां चित लावै रे।

मूंवां मुकति बैकुंठा बासा, जीवत इहाँ जस पावै रे।।२।।

हम अपराधी नीच घरि जनमे, कुटंब लोग करैं हासी रे।

कहै रैदास नाम जपि रसनीं, काटै जंम की पासी रे।।३।।

(राग विलावल)

46. तुझहि चरन अरबिंद भँवर मनु

तुझहि चरन अरबिंद भँवर मनु।

पान करत पाइओ, पाइओ रामईआ धनु।। टेक।।

कहा भइओ जउ तनु भइओ छिनु छिनु।

प्रेम जाइ तउ डरपै तेरो जनु।।१।।

संपति बिपति पटल माइआ धनु।

ता महि भगत होत न तेरो जनु।।२।।

प्रेम की जेवरी बाधिओ तेरो जन।

कहि रविदास छूटिबो कवन गुनै।।३।।

(राग आसा)

47. तुझा देव कवलापती सरणि आयौ

तुझा देव कवलापती सरणि आयौ।

मझा जनम संदेह भ्रम छेदि माया।। टेक।।

अति संसार अपार भौ सागरा, ता मैं जांमण मरण संदेह भारी।

कांम भ्रम क्रोध भ्रम लोभ भ्रम, मोह भ्रम, अनत भ्रम छेदि मम करसि यारी।।१।।

पंच संगी मिलि पीड़ियौ प्रांणि यौं, जाइ न न सकू बैराग भागा।

पुत्र बरग कुल बंधु ते भारज्या, भखैं दसौ दिसि रिस काल लागा।।२।।

भगति च्यंतौं तो मोहि दुख ब्यापै, मोह च्यंतौ तौ तेरी भगति जाई।

उभै संदेह मोहि रैंणि दिन ब्यापै, दीन दाता करौं कौंण उपाई।।३।।

चपल चेत्यौ नहीं बहुत दुख देखियौ, कांम बसि मोहियौ क्रम फंधा।

सकति सनबंध कीयौ, ग्यान पद हरि लीयौ, हिरदै बिस रूप तजि भयौ अंधा।।४।।

परम प्रकास अबिनास अघ मोचनां, निरखि निज रूप बिश्रांम पाया।

बंदत रैदास बैराग पद च्यंतता, जपौ जगदीस गोब्यंद राया।।५।।

(राग धनाश्री)

48. तू कांइ गरबहि बावली

तू कांइ गरबहि बावली।

जैसे भादउ खूंब राजु तू तिस ते खरी उतावली।। टेक।।

तुझहि सुझंता कछू नाहि। पहिरावा देखे ऊभि जाहि।

गरबवती का नाही ठाउ। तेरी गरदनि ऊपरि लवै काउ।।१।।

जैसे कुरंक नहीं पाइओ भेदु। तनि सुगंध ढूढ़ै प्रदेसु।

अप तन का जो करे बीचारू। तिसु नहीं जम कंकरू करे खुआरू।।२।।

पुत्र कलत्र का करहि अहंकारू। ठाकुर लेखा मगनहारू।

फेड़े का दुखु सहै जीउ। पाछे किसहि पुकारहि पीउ–पीउ।।३।।

साधू की जउ लेहि ओट। तेरे मिटहि पाप सभ कोटि–कोटि।

कहि रविदास जो जपै नामु। तिस जातु न जनमु न जोनि कामु।।४।।

(राग बसंत)

49. तू जानत मैं किछु नहीं भव खंडन राम

तू जानत मैं किछु नहीं भव खंडन राम।

सगल जीअ सरनागति प्रभ पूरन काम।। टेक।।

दारिदु देखि सभ को हसै ऐसी दसा हमारी।

असटदसा सिधि कर तलै सभ क्रिया तुमारी।।१।।

जो तेरी सरनागता तिन नाही भारू।

ऊँच नीच तुमते तरे आलजु संसारू।।२।।

कहि रविदास अकथ कथा बहु काइ करी जै।

जैसा तू तैसा तुही किआ उपमा दीजै।।३।।

(राग विलावल)

50. तेरा जन काहे कौं बोलै

तेरा जन काहे कौं बोलै।

बोलि बोलि अपनीं भगति क्यों खोलै।। टेक।।

बोल बोलतां बढ़ै बियाधि, बोल अबोलैं जाई।

बोलै बोल अबोल कौं पकरैं, बोल बोलै कूँ खाई।।१।।

बोलै बोल मांनि परि बोलैं, बोलै बेद बड़ाई।

उर में धरि धरि जब ही बोलै, तब हीं मूल गँवाई।।२।।

बोलि बोलि औरहि समझावै, तब लग समझि नहीं रे भाई।

बोलि बोलि समझि जब बूझी, तब काल सहित सब खाई।।३।।

बोलै गुर अरु बोलै चेला, बोल्या बोल की परमिति जाई।

कहै रैदास थकित भयौ जब, तब हीं परंमनिधि पाई।।४।।

51. त्यू तुम्ह कारन केसवे, लालचि जीव लागा

त्यू तुम्ह कारन केसवे, लालचि जीव लागा।

निकटि नाथ प्रापति नहीं, मन मंद अभागा।। टेक।।

साइर सलिल सरोदिका, जल थल अधिकाई।

स्वांति बूँद की आस है, पीव प्यास न जाई।।१।।

जो रस नेही चाहिए, चितवत हूँ दूरी।

पंगल फल न पहूँचई, कछू साध न पूरी।।२।।

कहै रैदास अकथ कथा, उपनषद सुनी जै।

जस तूँ तस तूँ तस तूँ हीं, कस ओपम दीजै।।३।।

52. त्यूँ तुम्ह कारनि केसवे, अंतरि ल्यौ लागी

त्यूँ तुम्ह कारनि केसवे, अंतरि ल्यौ लागी।

एक अनूपम अनभई, किम होइ बिभागी।। टेक।।

इक अभिमानी चातृगा, विचरत जग मांहीं।

जदपि जल पूरण मही, कहूं वाँ रुचि नांहीं।।१।।

जैसे कांमीं देखे कांमिनीं, हिरदै सूल उपाई।

कोटि बैद बिधि उचरैं, वाकी बिथा न जाई।।२।।

जो जिहि चाहे सो मिलै, आरत्य गत होई।

कहै रैदास यहु गोपि नहीं, जानैं सब कोई।।३।।

(राग रामकली)

53. देवा हम न पाप करंता

देवा हम न पाप करंता।

अहो अंनंता पतित पांवन तेरा बिड़द क्यू होता।। टेक।।

तोही मोही मोही तोही अंतर ऐसा।

कनक कुटक जल तरंग जैसा।।१।।

तुम हीं मैं कोई नर अंतरजांमी।

ठाकुर थैं जन जांणिये, जन थैं स्वांमीं।।२।।

तुम सबन मैं, सब तुम्ह मांहीं।

रैदास दास असझसि, कहै कहाँ ही।।३।।

54. देहु कलाली एक पियाला

देहु कलाली एक पियाला।

ऐसा अवधू है मतिवाला।। टेक।।

ए रे कलाली तैं क्या कीया,

सिरकै सा तैं प्याला दीया।।१।।

कहै कलाली प्याला देऊँ,

पोवनहारे का सिर लेऊँ।।२।।

चंद सूर दोऊ सनमुख होई,

पोवै पियाला मरै न कोई।।३।।

सहज सुनि मैं भाठी सरवै,

पीवै रैदास गुर मुखि दरवै।।४।।

(राग आसा)

55. न बीचारिओ राजा राम को रसु

न बीचारिओ राजा राम को रसु।

जिह रस अनरस बीसरि जाही।। टेक।।

दूलभ जनमु पुंन फल पाइओ बिरथा जात अबिबेके।

रजे इन्द्र समसरि ग्रिह आसन बिनु हरे भगति कहहु किह लेखै।।१।।

जानि अजान भए हम बावर सोच असोच दिवस जाही।

इन्द्री सबल निबल बिबेक बुधि परमारथ परवेस नहीं।।२।।

कहीअत आन अचरीअत आन कछु समझ न परै अपर माइआ।

कहि रविदास उदास दास मति परहरि कोपु करहु जीअ दइआ।।३।।

(राग सोरठी)

56. नरहरि चंचल मति मोरी

नरहरि चंचल मति मोरी।
कैसैं भगति करौ रांम तोरी।। टेक।।
तू कोहि देखै हूँ तोहि देखैं, प्रीती परस्पर होई।
तू मोहि देखै हौं तोहि न देखौं, इहि मति सब बुधि खोई।।१।।
सब घट अंतरि रमसि निरंतरि, मैं देखत ही नहीं जांनां।
गुन सब तोर मोर सब औगुन, क्रित उपगार न मांनां।।२।।
मैं तैं तोरि मोरी असमझ सों, कैसे करि निसतारा।
कहै रैदास कृश्न करुणांमैं, जै जै जगत अधारा।।३।।

57. नरहरि प्रगटसि नां हो प्रगटसि नां

नरहरि प्रगटसि नां हो प्रगटसि नां।
दीनानाथ दयाल नरहरि।। टेक।।
जन मैं तोही थैं बिगरां न अहो, कछू बूझत हूँ रसयांन।
परिवार बिमुख मोहि लाग, कछू समझि परत नहीं जाग।।१।।
इक भंमदेस कलिकाल, अहो मैं आइ पर्यौ जंम जाल।
कबहूँक तोर भरोस, जो मैं न कहूँ तो मोर दोस।।२।।
अस कहियत तेऊ न जांन, अहो प्रभू तुम्ह श्रबंगि सयांन।
सुत सेवक सदा असोच, ठाकुर पितहि सब सोच।।३।।
रैदास बिनवैं कर जोरि, अहो स्वांमीं तोहि नांहि न खोरि।
सु तौ अपूरबला अक्रम मोर, बलि बलि जांऊं करौ जिनि और।।४।।

58. नहीं बिश्रांम लहूँ धरनींधर

नहीं बिश्रांम लहूँ धरनींधर।

ज़ाकै सुर नर संत सरन अभिअंतर।। टेक।।

जहाँ जहाँ गयौ, तहाँ जनम काछै, तृबिधि ताप तृ भुवनपति पाछै।।१।।

भये अति छीन खेद माया बस, जस तिन ताप पर नगरि हतै तस।।२।।

द्वारैं न दसा बिकट बिष कारंन, भूलि पर्यौ मन या बिष्या बन।।३।।

कहै रैदास सुमिरौ बड़ राजा, काटि दिये जन साहिब लाजा।।४।।

(राग विलावल)

59. नामु तेरो आरती मजनु मुरारे

नामु तेरो आरती मजनु मुरारे।

हरि के नाम बिनु झूठे सगल पसारे।।टेक।।

नामु तेरो आसनो नामु तेरो उरसा नामु तेरा केसरो ले छिड़का रे।

नामु तेरा अंमुला नामु तेरो चंदनों, घसि जपे नामु ले तुझहि का उचारे।।१।।

नामु तेरा दीवा नामु तेरो बाती नामु तेरो तेलु ले माहि पसारे।

नाम तेरे की जोति लगाई भइओ उजिआरो भवन सगला रे।।२।।

नामु तेरो तागा नामु फूल माला, भार अठारह सगल जूठा रे।

तेरो कीआ तुझहि किआ अरपउ नामु तेरा तुही चवर ढोला रे।।३।।

दसअठा अठसठे चारे खाणी इहै वरतणि है सगल संसारे।

कहै रविदासु नाम तेरो आरती सतिनामु है हरि भोग तुहारे।।४।।

(राग धनाश्री)

60. परचौ राम रमै जै कोइ

परचौ राम रमै जै कोइ।

पारस परसें दुबिध न होइ।। टेक।।

जो दीसै सो सकल बिनास, अण दीठै नांही बिसवास।

बरन रहित कहै जे रांम, सो भगता केवल निहकांम।।१।।

फल कारनि फलै बनराइं, उपजै फल तब पुहप बिलाइ।

ग्यांनहि कारनि क्रम कराई, उपज्यौ ग्यानं तब क्रम नसाइ।।२।।

बटक बीज जैसा आकार, पसर्यौ तीनि लोक बिस्तार।

जहाँ का उपज्या तहाँ समाइ, सहज सुन्य में रह्यौ लुकाइ।।३।।

जो मन ब्यदै सोई ब्यंद, अमावस मैं ज्यू दीसै चंद।

जल मैं जैसैं तूबां तिरै, परचे प्यंड जीवै नहीं मरै।।४।।

जो मन कौंण ज मन कूँ खाइ, बिन द्वारै त्रीलोक समाइ।

मन की महिमां सब कोइ कहै, पंडित सो जे अनभै रहे।।५।।

कहै रैदास यहु परम बैराग, रांम नांम किन जपऊ सभाग।

घ्रित कारनि दधि मथै सयांन, जीवन मुकति सदा निब्रांन।।६।।

(राग रामकली)

61. पहलै पहरै रैंणि दै बणजारिया

पहलै पहरै रैंणि दै बणजारिया, तै जनम लीया संसार वै।।

सेवा चुका रांम की बणजारिया, तेरी बालक बुधि गँवार वे।।

बालक बुधि गँवार न चेत्या, भुला माया जालु वे।।

कहा होइ पीछैं पछतायैं, जल पहली न बँधीं पाल वे।।

बीस बरस का भया अयांनां, थंभि न सक्या भार वे।।

जन रैदास कहै बनिजारा, तैं जनम लया संसार वै।।१।।

दूजै पहरै रैंणि दै बनजारिया, तूँ निरखत चल्या छांवं वे।।

हरि न दामोदर ध्याइया बनजारिया, तैं लेइ न सक्या नांव वे।।

नांउं न लीया औगुन कीया, इस जोबन दै तांण वे।।

अपणीं पराई गिणीं न काई, मंदे कंम कमांण वे।।

साहिब लेखा लेसी तूँ भरि देसी, भीड़ पड़ै तुझ तांव वे।।

जन रैदास कहै बनजारा, तू निरखत चल्या छांव वे।।२।।

तीजै पहरै रैणिं दै बनजारिया, तेरे ढिलढ़े पड़े परांण वे।।

काया रवंनीं क्या करै बनजारिया, घट भीतरि बसै कुजांण वे।।

इक बसै कुजांण काया गढ़ भीतरि, अहलां जनम गवाया वे।।

अब की बेर न सुकृत कीता, बहुरि न न यहु गढ़ पाया वे।।

कंपी देह काया गढ़ खीनां, फिरि लगा पछितांणवे।।

जन रैदास कहै बनिजारा, तेरे ढिलड़े पड़े परांण वे।।३।।

चौथे पहरै रैंणि दै बनजारिया, तेरी कंपण लगी देह वे।।

साहिब लेखा मंगिया बनजारिया, तू छडि पुरांणां थेह वे।।

छड़ि पुरांणं ज्यंद अयांणां, बालदि हाकि सबेरिया।।

जम के आये बंधि चलाये, बारी पुगी तेरिया।।

पंथि चलै अकेला होइ दुहेला, किस कूँ देइ सनेहं वे।।

जन रैदास कहै बनिजारा, तेरी कंपण लगी देह वे।।४।।

(राग जंगली गौड़ी)

62. प्रभु जी तुम चंदन हम पानी

प्रभु जी तुम चंदन हम पानी।

जाकी अंग–अंग बास समानी।।

प्रभु जी तुम घन बन हम मोरा।
जैसे चितवत चंद चकोरा।।
प्रभु जी तुम दीपक हम बाती।
जाकी जोति बरै दिन राती।।
प्रभु जी तुम मोती हम धागा।
जैसे सोनहिं मिलत सोहागा।
प्रभु जी तुम स्वामी हम दासा।
ऐसी भक्ति करै श्रैदासा।।

63. प्रभु जी तुम संगति सरन तिहारी

प्रभु जी तुम संगति सरन तिहारी। जग–जीवन राम मुरारी।।
गली–गली को जल बहि आयो, सुरसरि जाय समायो।
संगति के परताप महातम, नाम गंगोदक पायो।।
स्वाति बूँद बरसे फनि ऊपर, सोई विष होइ जाई।
ओही बूँद कै मोती निपजै, संगति की अधिकाई।
तुम चंदन हम रेंड बापुरे, निकट तुम्हारे आसा।
संगति के परताप महातम, आवै बास सुबासा।
जाति भी ओछी, करम भी ओछा, ओछा कसब हमारा।
नीचे से प्रभु ऊँच कियो है, कहि "रैदास" चमारा।

64. प्रानी किआ मेरा किआ तेरा

प्रानी किआ मेरा किआ तेरा।
तैसे तरवर पंखि बसेरा।।टेक।।
जल की भीति पवन का थंभा।

रकत बुंद का गारा।

हाड़ मास नाड़ी को पिंजरू।

पंखी बसै बिचारा।।१।।

राखहु कंध उसारहु नीवां।

साढ़े तीनि हाथ तेरी सीवां।।२।।

बंके बाल पाग सिर डेरी।

इहु तनु होइगो भसम की ढेरी।।३।।

ऊचे मंदर सुंदर नारी।

राम नाम बिनु बाजी हारी।।४।।

मेरी जाति कमीनी पांति कमीनी।

ओछा जनमु हमारा।

तुम सरनागति राजा रामचंद।

कहि रविदास चमारा।।५।।

(राग सोरठी)

65. प्रीति सधारन आव

प्रीति सधारन आव।

तेज सरूपी सकल सिरोमनि, अकल निरंजन राव।। टेक।।

पीव संगि प्रेम कबहूं नहीं पायौ, कारनि कौण बिसारी।

चक को ध्यान दधिसुत कौं होत है, त्यूँ तुम्ह थैं मैं न्यारी।।१।।

भोर भयौ मोहिं इकटग जोवत, तलपत रजनी जाइ।

पिय बिन सेज क्यूँ सुख सोऊँ, बिरह बिथा तनि माइ।।२।।

दुहागनि सुहागनि कीजै, अपनैं अंग लगाई।

कहै रैदास प्रभु तुम्हरै बिछोहै, येक पल जुग भरि जाइ।।३।।

(राग केदारा)

66. पार गया चाहै सब कोई

पार गया चाहै सब कोई।

रहि उर वार पार नहीं होई।। टेक।।

पार कहैं उर वार सूँ पारा,

बिन पद परचौ भ्रमहि गवारा।।१।।

पार परंम पद मंझि मुरारी,

तामैं आप रमैं बनवारी।।२।।

पूरन ब्रह्म बसै सब ठाईं।

कहै रैदास मिले सुख सांइं।।३।।

(राग सोरठी)

67. पांडे कैसी पूज रची रे

पांडे कैसी पूज रची रे।

सति बोलै सोई सतिबादी, झूठी बात बची रे।। टेक।।

जो अबिनासी सबका करता, ब्यापि रह्यौ सब ठौर रे।

पंच तत जिनि कीया पसारा, सो यौ ही किधौं और रे।।१।।

तू ज कहत है यौ ही करता, या कौं मनिख करै रे।

तारण सकति सहीजे यामैं, तौ आपण क्यूँ न तिरै रे।।२।।

अहीं भरोसै सब जग बूझा, सुंणि पंडित की बात रे।।

याकै दरसि कौंण गुण छूटा, सब जग आया जात रे।।३।।

याकी सेव सूल नहीं भाजै, कटै न संसै पास रे।

सौचि बिचारि देखिया मूरति, यौं छाड़ौ रैदास रे।।४।।

(राग सोरठी)

68. पांवन जस माधो तोरा

पांवन जस माधो तोरा।
तुम्ह दारन अध मोचन मोरा।। टेक।।
कीरति तेरी पाप बिनासै, लोक बेद यूँ गावै।
जो हम पाप करत नहीं भूधर, तौ तू कहा नसावै।।१।।
जब लग अंग पंक नहीं परसै, तौ जल कहा पखालै।
मन मलन बिषिया रंस लंपट, तौ हरि नांउ संभालै।।२।।
जौ हम बिमल हिरदै चित अंतरि, दोस कवन परि धरि हौ।
कहै रैदास प्रभु तुम्ह दयाल हौ, अबंध मुकति कब करि हौ।।३।।

(राग टोड़ी)

69. बपुरौ सति रैदास कहै

बपुरौ सति रैदास कहै।
ग्यान बिचारि नांइ चित राखै, हरि कै सरनि रहै रे।। टेक।।
पाती तोड़ै पूज रचावै, तारण तिरण कहै रे।
मूरति मांहि बसै परमेसुर, तौ पांणी मांहि तिरै रे।।१।।
त्रिबिधि संसार कवन बिधि तिरिबौ, जे दिढ नांव न गहै रे।
नाव छाड़ि जे डूंगै बैठे, तौ दूणां दूख सहै रे।।२।।
गुरु कौं सबद अरु सुरति कुदाली, खोदत कोई लहै रे।
रांम काहू कै बाटै न आयौ, सोनैं कूल बहै रे।।३।।
झूठी माया जग डहकाया, तो तनि ताप दहै रे।

कहै रैदास रांम जपि रसनां, माया काहू कै संगि न न रहै रे।।४।।

(राग सोरठी)

70. बरजि हो बरजि बीठल, माया जग खाया

बरजि हो बरजि बीठल, माया जग खाया।

महा प्रबल सब हीं बसि कीये, सुर नर मुनि भरमाया।। टेक।।

बालक बिरधि तरुन अति सुंदरि, नांनां भेष बनावै।

जोगी जती तपी संन्यासी, पंडित रहण न पावै।।१।।

बाजीगर की बाजी कारनि, सबकौ कौतिग आवै।

जो देखै सो भूलि रहै, वाका चेला मरम जु पावै।।२।।

खंड ब्रह्मड लोक सब जीते, ये ही बिधि तेज जनावै।

स्वंभू कौ चित चोरि लीयौ है, वा कै पीछैं लागा धावै।।३।।

इन बातनि सुकचनि मरियत है, सबको कहै तुम्हारी।

नैन अटकि किनि राखौ केसौ, मेटहु बिपति हमारी।।४।।

कहै रैदास उदास भयौ मन, भाजि कहाँ अब जइये।

इत उत तुम्ह गौब्यंद गुसांई, तुम्ह ही मांहि समइयै।।५।।

(राग आसावरी)

71. बंदे जानि साहिब गनीं

बंदे जानि साहिब गनीं।

संमझि बेद कतेब बोलै, ख्वाब मैं क्या मनीं।। टेक।।

ज्वांनीं दुनी जमाल सूरति, देखिये थिर नांहि बे।

दम छसै सहंस्र इकवीस हरि दिन, खजांनें थैं जांहि बे।।१।।

मतीं मारे ग्रब गाफिल, बेमिहर बेपीर बे।

दरी खानैं पड़ै चोभा, होत नहीं तकसीर बे।।२।।

कुछ गाँठि खरची मिहर तोसा, खैर खूबी हाथि बे।

धणीं का फुरमांन आया, तब कीया चालै साथ बे।।३।।

तजि बद जबां बेनजरि कम दिल, करि खसकी कांणि बे।

रैदास की अरदास सुणि, कछू हक हलाल पिछांणि बे।।४।।

(राग आसा)

72. भगति ऐसी सुनहु रे भाई

भगति ऐसी सुनहु रे भाई।

आई भगति तब गई बड़ाई।। टेक।।

कहा भयौ नाचौं अरु गायैं, कहौं भयौ तप कीन्हैं।

कहा भयौ जे चरन पखालै, जो परम तत नहीं चीन्हैं।।१।।

कहा भयौ जू मूँड मुंड़ायौ, बहु तीरथ ब्रत कीन्हैं।

स्वांमी दास भगत अरु सेवग, जो परंम तत नहीं चीन्हैं।।२।।

कहै रैदास तेरी भगति दूरि है, भाग बड़े सो पावै।

तजि अभिमांन मेटि आपा पर, पिपलक होइ चुणि खावै।।३।।

73. भाई रे भ्रम भगति सुजांनि

भाई रे भ्रम भगति सुजांनि।

जौ लूँ नहीं साच सूँ पहिचानि।। टेक।।

भ्रम नाचण भ्रम गाइण, भ्रम जप तप दांन।

भ्रम सेवा भ्रम पूजा, भ्रम सूँ पहिचांनि।।१।।

भ्रम षट क्रम सकल सहिता, भ्रम गृह बन जांनि।

भ्रम करि करम कीये, भरम की यहु बांनि। २।।

भ्रम इंद्री निग्रह कीयां, भ्रंम गुफा में बास।
भ्रम तौ लौं जांणियै, सुनि की करै आस।।३।।
भ्रम सुध सरीर जौ लौं, भ्रम नांउ बिनांउं।
भ्रम भणि रैदास तौ लौं, जो लौं चाहे ठांउं।।४।।

(राग रामकली)

74. भाई रे रांम कहाँ हैं मोहि बतावो

भाई रे रांम कहाँ हैं मोहि बतावो।
सति रांम ताकै निकटि न आवो।। टेक।।
राम कहत जगत भुलाना, सो यहु रांम न होई।
करंम अकरंम करुणांमै केसौ, करता नांउं सु कोई।।१।।
जा रामहि सब जग जानैं, भ्रमि भूले रे भाई।
आप आप थैं कोई न जांणै, कहै कौंन सू जाई।।२।।
सति तन लोभ परसि जीय तन मन, गुण परस नहीं जाई।
अखिल नांउं जाकौ ठौर न कतहूँ, क्यूं न कहै समझाई।।३।।
भयौ रैदास उदास ताही थैं, करता को है भाई।
केवल करता एक सही करि, सति रांम तिहि ठांई।।४।।

(राग रामकली)

75. भाई रे सहज बन्दी लोई

भाई रे सहज बन्दी लोई, बिन सहज सिद्धि न होई।
लौ लीन मन जो जानिये, तब कीट भृंगी होई।। टेक।
आपा पर चीन्हे नहीं रे, और को उपदेस।
कहाँ ते तुम आयो रे भाई, जाहुगे किस देस।।१।।

कहिये तो कहिये काहि कहिये, कहाँ कौन पतियाइ।

रैदास दास अजान है करि, रह्यो सहज समाइ।।२।।

(राग आसा)

76. भेष लियो पै भेद न जान्यो

भेष लियो पै भेद न जान्यो।

अमृत लेई विषै सो मान्यो।। टेक।।

काम क्रोध में जनम गँवायो, साधु सँगति मिलि राम न गायो।।१।।

तिलक दियो पै तपनि न जाई, माला पहिरे घनेरी लाई।।२।।

कह रैदास परम जो पाऊँ, देव निरंजन सत कर ध्याऊँ।।३।।

(राग भैरूँ–भैरव)

77. मन मेरे सोई सरूप बिचार

मन मेरे सोई सरूप बिचार।

आदि अंत अनंत परंम पद, संसै सकल निवारं।। टेक।।

जस हरि कहियत तस तौ नहीं, है अस जस कछू तैसा।

जानत जानत जानि रह्यौ मन, ताकौ मरम कहौ निज कैसा।।१।।

कहियत आन अनुभवत आन, रस मिल्या न बेगर होई।

बाहरि भीतरि गुप्त प्रगट, घट घट प्रति और न कोई।।२।।

आदि ही येक अंति सो एकै, मधि उपाधि सु कैसे।

है सो येक पै भ्रम तैं दूजा, कनक अल्यंकृत जैसैं।।३।।

कहै रैदास प्रकास परम पद, का जप तप ब्रत पूजा।

एक अनेक येक हरि, करौं कवण बिधि दूजा।।४।।

(राग सोरठी)

78. मरम कैसैं पाइबौ रे

मरम कैसैं पाइबौ रे।

पंडित कोई न कहै समझाइ, जाथैं मरौ आवागवन बिलाइ।। टेक।।

बहु बिधि धरम निरूपिये, करता दीसै सब लोई।

जाहि धरम भ्रम छूटिये, ताहि न चीन्हैं कोई।।१।।

अक्रम क्रम बिचारिये, सुण संक्या बेद पुरांन।

बाकै हृदै भै भ्रम, हरि बिन कौंन हरै अभिमांन।।२।।

सतजुग सत त्रेता तप, द्वापरि पूजा आचार।

तीन्यूं जुग तीन्यूं दिढी, कलि केवल नांव अधार।।३।।

बाहरि अंग पखालिये, घट भीतरि बिबधि बिकार।

सुचि कवन परिहोइये, कुंजर गति ब्यौहार।।४।।

रवि प्रकास रजनी जथा, गत दीसै संसार पारस मनि तांबौ छिवै।

कनक होत नहीं बार, धन जोबन प्रभु नां मिलै।।५।।

ना मिलै कुल करनी आचार।

एकै अनेक बिगाइया, ताकौं जाणैं सब संसार।।६।।

अनेक जतन करि टारिये, टारी टरै न भ्रम पास।

प्रेम भगति नहीं उपजै, ताथैं रैदास उदास।।७।।

(राग गौड़ी)

79. माटी को पुतरा कैसे नचतु है

माटी को पुतरा कैसे नचतु है।

देखै देखै सुनै बोलै दउरिओ फिरतु है।। टेक।।

जब कुछ पावै तब गरबु करतु है।

माइआ गई तब रोवनु लगतु है।।१।।

मन बच क्रम रस कसहि लुभाना।

बिनसि गइआ जाइ कहूँ समाना।।२।।

कहि रविदास बाजी जगु भाई।

बाजीगर सउ मोहि प्रीति बनि आई।।३।।

(राग आसा)

80. माधवे का कहिये भ्रम ऐसा

माधवे का कहिये भ्रम ऐसा।

तुम कहियत होह न जैसा।। टेक।।

न्रिपति एक सेज सुख सूता, सुपिनैं भया भिखारी।

अछित राज बहुत दुख पायौ, सा गति भई हमारी।।१।।

जब हम हुते तबैं तुम्ह नांहीं, अब तुम्ह हौ मैं नांहीं।

सलिता गवन कीयौ लहरि महोदधि, जल केवल जल मांही।।२।।

रजु भुजंग रजनी प्रकासा, अस कछु मरम जनावा।

संमझि परी मोहि कनक अल्यंक्रत ज्यूं, अब कछू कहत न आवा।।३।।

करता एक भाव जगि भुगता, सब घट सब बिधि सोई।

कहै रैदास भगति एक उपजी, सहजैं होइ स होई।।४।।

(राग सोरठी)

81. माधवे तुम न तोरहु तउ हम नहीं तोरहि

माधवे तुम न तोरहु तउ हम नहीं तोरहि।

तुम सिउ तोरि कवन सिउ जोरहि।।टेक।।

जउ तुम गिरिवर तउ हम मोरा।

जउ तुम चंद तउ हम भए है चकोरा।।१।।
जउ तुम दीवरा तउ हम बाती।
जउ तुम तीरथ तउ हम जाती।।२।।
साची प्रीति हम तुम सिउ जोरी।
तुम सिउ जोरि अवर संगि तोरी।।३।।
जह जह जाउ तहा तेरी सेवा।
तुम सो ठाकुरु अउरु न देवा।।४।।
तुमरे भजन कटहि जम फाँसा।
भगति हेत गावै रविदासा।।५।।
(राग सोरठी)

82. माधौ अविद्या हित कीन्ह

माधौ अविद्या हित कीन्ह।
ताथैं मैं तोर नांव न लीन्ह।। टेक।।
मिग्र मीन भ्रिग पतंग कुंजर, एक दोस बिनास।
पंच ब्याधि असाधि इहि तन, कौंन ताकी आस।।१।।
जल थल जीव जंत जहाँ–जहाँ लौं करम पासा जाइ।
मोह पासि अबध बाधौ, करियै कौंण उपाइ।।२।।
त्रिजुग जोनि अचेत संम भूमि, पाप पुन्य न सोच।
मानिषा अवतार दुरलभ, तिहू संकुट पोच।।३।।
रैदास दास उदास बन भव, जप न तप गुरु ग्यांन।
भगत जन भौ हरन कहियत, ऐसै परंम निधांन।।४।।
(राग आसा)

83. माधौ भ्रम कैसैं न बिलाइ

माधौ भ्रम कैसैं न बिलाइ।
ताथैं द्वती भाव दरसाइ।। टेक।।
कनक कुंडल सूत्र पट जुदा, रजु भुजंग भ्रम जैसा।
जल तरंग पांहन प्रितमां ज्यूँ, ब्रह्म जीव द्वती ऐसा।।१।।
बिमल ऐक रस, उपजै न बिनसै, उदै अस्त दोई नांहीं।
बिगता बिगति गता गति नांहीं, बसत बसै सब मांहीं।।२।।
निहचल निराकार अजीत अनूपम, निरभै गति गोब्यंदा।
अगम अगोचर अखिर अतरक, त्रिगुण नित आनंदा।।३।।
सदा अतीत ग्यांन ध्यानं बिरिजित, नीरबिकांर अबिनासी।
कहै रैदास सहज सूंनि सति, जीवन मुकति निधि कासी।।४।।
(राग सोरठी)

84. माधौ संगति सरनि तुम्हारी

माधौ संगति सरनि तुम्हारी।
जगजीवन कृश्न मुरारी।। टेक।।
तुम्ह मखतूल गुलाल चत्रभुज, मैं बपुरौ जस कीरा।
पीवत डाल फूल रस अंमृत, सहजि भई मति हीरा।।१।।
तुम्ह चंदन मैं अरंड बापुरौ, निकटि तुम्हारी बासा।
नीच बिरख थैं ऊँच भये, तेरी बास सुबास निवासा।।२।।
जाति भी वोंछी जनम भी वोछा, वोछा करम हमारा।
हम सरनागति रांम राइ की, कहै रैदास बिचारा।।३।।
(राग आसा)

85. माया मोहिला कान्ह

माया मोहिला कान्ह।

मैं जन सेवग तोरा।। टेक।।

संसार परपंच मैं ब्याकुल परंमांनंदा।

त्राहि त्राहि अनाथ नाथ गोब्यंदा।।१।।

रैदास बिनवैं कर जोरी।

अबिगत नाथ कवन गति मोरी।।२।।

(राग कानड़ा)

86. मिलत पिआरों प्रान नाथु कवन भगति ते

मिलत पिआरों प्रान नाथु कवन भगति ते।

साध संगति पाइ परम गते।। टेक।।

मैले कपरे कहा लउ धोवउ, आवैगी नीद कहा लगु सोवउ।।१।।

जोई जोई जोरिओ सोई–सोई फाटिओ।

झूठै बनजि उठि ही गई हाटिओ।।२।।

कहु रविदास भइयो जब लेखो।

जोई जोई कीनो सोई–सोई देखिओ।।३।।

(राग मल्हार)

87. मेरी प्रीति गोपाल सूँ जिनि घटै हो

मेरी प्रीति गोपाल सूँ जिनि घटै हो।

मैं मोलि महँगी लई तन सटै हो।। टेक।।

हिरदै सुमिरंन करौं नैन आलोकनां, श्रवनां हरि कथा पूरि राखूँ।

मन मधुकर करौ, चरणां चित धरौं, रांम रसांइन रसना चाखूँ।।१।।

साध संगति बिनां भाव नहीं उपजै, भाव बिन भगति क्यूँ होइ तेरी।

बंदत रैदास रघुनाथ सुणि बीनती, गुर प्रसादि क्रिया करौ मेरी।।२।।

(राग धनाश्री)

88. मैं का जांनूं देव मैं का जांनू

मैं का जांनूं देव मैं का जांनू।

मन माया के हाथि बिकांनूं।। टेक।।

चंचल मनवां चहु दिसि धावैय जिभ्या इंद्री हाथि न आवै।

तुम तौ आहि जगत गुर स्वांमीं, हम कहियत कलिजुग के कांमी।।१।।

लोक बेद मेरे सुकृत बढ़ाई, लोक लीक मोपैं तजी न जाई।

इन मिलि मेरौ मन जु बिगार्यौ, दिन दिन हरि जी सूँ अंतर पार्यौ।।२।।

सनक सनंदन महा मुनि ग्यांनी, सुख नारद ब्यास इहै बखांनीं।

गावत निगम उमांपति स्वांमीं, सेस सहंस मुख कीरति गांमी।।३।।

जहाँ जहाँ जांऊँ तहाँ दुख की रासी, जौ न पतियाइ साध है साखी।

जमदूतनि बहु बिधि करि मार्यौ, तऊ निलज अजहूँ नहीं हार्यौ।।४।।

हरि पद बिमुख आस नहीं छूटै, ताथैं त्रिसनां दिन दिन लूटै।

बहु बिधि करम लीयैं भटकावै, तुमहि दोस हरि कौं न लगावै।।५।।

केवल रांम नांम नहीं लीया। संतुति विषै स्वादि चित दीया।

कहै रैदास कहाँ लग कहिये, बिन जग नाथ सदा सुख सहियै।।६।।

(राग धनाश्री)

89. मो सउ कोऊ न कहै समझाइ

मो सउ कोऊ न कहै समझाइ।

जाते आवागवनु बिलाइ।। टेक।।

सतजुगि सतु तेता जगी दुआपरि पूजाचार।

तीनौ जुग तीनौ दिड़े कलि केवल नाम अधार।।१।।

पार कैसे पाइबो रे।।

बहु बिधि धरम निरूपीऐ करता दीसै सभ लोइ।

कवन करम ते छूटी ऐ जिह साधे सभ सिधि होई।।२।।

करम अकरम बीचारी ए संका सुनि बेद पुरान।

संसा सद हिरदै बसै कउनु हिरै अभिमानु।।३।।

बाहरु उदकि पखारीऐ घट भीतरि बिबिध बिकार।

सुध कवन पर होइबो सुव कुंजर बिधि बिउहार।।४।।

रवि प्रगास रजनी जथा गति जानत सभ संसार।

पारस मानो ताबो छुए कनक होत नहीं बार।।५।।

परम परस गुरु भेटीऐ पूरब लिखत लिलाट।

उनमन मन मन ही मिले छुटकत बजर कपाट।।६।।

भगत जुगति मति सति करी भ्रम बंधन काटि बिकार।

सोई बसि रसि मन मिले गुन निरगुन एक बिचार।।७।।

अनिक जतन निग्रह कीए टारी न टरै भ्रम फास।

प्रेम भगति नहीं उपजै ता ते रविदास उदास।।८।।

(राग गौड़ी बैरागणि)

90. यह अंदेस सोच जिय मेरे

यह अंदेस सोच जिय मेरे ।

निसिबासर गुन गाऊ्म तेरे। टेक।

तुम चिंतित मेरी चिंतहु जाई ।

तुम चिंतामनि हौ एक नाई।१।

भगत–हेत का का नहिं कीन्हा ।

हमरी बेर भए बलहीना।२।

कह रैदास दास अपराधी।

जेहि तुम द्रवौ सो भगति न साधी।३।

91. या रमां एक तूं दांनां, तेरा आदू बैश्नौं

या रमां एक तूं दांनां, तेरा आदू बैश्नौं।

तू सुलितांन सुलितांनां बंदा सकिसंता रजांनां।। टेक।।

मैं बेदियांनत बदनजर दे, गोस गैर गुफतार।

बेअदब बदबखत बीरां, बेअकलि बदकार।।१।।

मैं गुनहगार गुमराह गाफिल, कंम दिला करतार।

तूँ दयाल ददि हद दांवन, मैं हिरसिया हुसियार।।२।।

यहु तन हस्त खस्त खराब, खातिर अंदेसा बिसियार।

रैदास दास असांन, साहिब देहु अब दीदार।।३।।

(राग जंगली गौड़ी)

92. रथ कौ चतुर चलावन हारौ

रथ कौ चतुर चलावन हारौ।

खिण हाकै खिण ऊभौ राखै, नहीं आन कौ सारौ।। टेक।।

जब रथ रहै सारहीं थाके, तब को रथहि चलावै।

नाद बिनोद सबै ही थाकै, मन मंगल नहीं गावैं।।१।।

पाँच तत कौ यहु रथ साज्यौ, अरधैं उरध निवासा।

चरन कवल ल्यौ लाइ रह्यौ है, गुण गावै रैदासा।।२।।

(राग सोरठी)

93. राम गुसईआ जीअ के जीवना

राम गुसईआ जीअ के जीवना।

मोहि न बिसारहु मै जनु तेरा।। टेक।।

मेरी संगति पोच सोच दिनु राती। मेरा करमु कटिलता जनमु कुभांति।।१।।

मेरी हरहु बिपति जन करहु सुभाई। चरण न छाडउ सरीर कल जाई।।२।।

कहु रविदास परउ तेरी साभा। बेगि मिलहु जन करि न बिलंबा।।३।।

(राग गौड़ी)

94. राम जन हूँ उंन भगत कहाऊँ

राम जन हूँ उंन भगत कहाऊँ, सेवा करौं न दासा।

गुनी जोग जग्य कछू न जांनूं, ताथैं रहूँ उदासा।। टेक।।

भगत हूँ वाँ तौ चढ़ै बड़ाई। जोग करौं जग मांनैं।

गुणी हूँ वांथैं गुणीं जन कहैं, गुणी आप कूँ जांनैं।।१।।

ना मैं ममिता मोह न महियाँ, ए सब जांहि बिलाई।

दोजग भिस्त दोऊ समि करि जांनूँ, दहु वां थैं तरक है भाई।।२।।

मै तैं ममिता देखि सकल जग, मैं तैं मूल गँवाई।

जब मन ममिता एक एक मन, तब हीं एक है भाई।।३।।

कृश्न करीम रांम हरि राधौ, जब लग एक एक नहीं पेख्या।

बेद कतेब कुरांन पुरांननि, सहजि एक नहीं देख्या।।४।।

जोई जोई करि पूजिये, सोई सोई काची, सहजि भाव सति होई।

कहै रैदास मैं ताही कूँ पूजौं, जाकै गाँव न ठाँव न नांम नहीं कोई।।५।।

(राग रामकली)

95. राम बिन संसै गाँठि न छूटै

राम बिन संसै गाँठि न छूटै।

कांम क्रोध मोह मद माया, इन पंचन मिलि लूटै।। टेक।।

हम बड़ कवि कुलीन हम पंडित, हम जोगी संन्यासी।

ग्यांनी गुनीं सूर हम दाता, यहु मति कदे न नासी।।१।।

पढ़ें गुनें कछू संमझि न परई, जौ लौ अनभै भाव न दरसै।

लोहा हरन होइ धूँ कैसें, जो पारस नहीं परसै।।२।।

कहै रैदास और असमझसि, भूलि परै भ्रम भोरे।

एक अधार नांम नरहरि कौ, जीवनि प्रांन धन मोरै।।३।।

96. राम मैं पूजा कहा चढ़ाऊँ

राम मैं पूजा कहा चढ़ाऊँ ।

फल अरु फूल अनूप न पाऊँ। टेक।

थन तर दूध जो बछरू जुठारी।

पुहुप भँवर जल मीन बिगारी। १।

मलयागिर बेधियो भुअंगा।

विष अमृत दोउ एक संगा।२।

मन ही पूजा मन ही धूप।

मन ही सेऊँ सहज सरूप। ३।

पूजा अरचा न जानूँ तेरी।

कह रैदास कवन गति मोरी।४।

97. रामा हो जगजीवन मोरा

रामा हो जगजीवन मोरा।
तूँ न बिसारि राम मैं जन तोरा। टेक।
संकट सोच पोच दिनराती।
करम कठिन मोरि जाति कुजाती।१।
हरहु बिपति भावै करहु सो भाव।
चरण न छाड़ौं जाव सो जाव।२।
कह रैदास कछु देहु अलंबन।
बेगि मिलौ जनि करो बिलंबन।३।

98. रांम राइ का कहिये यहु ऐसी

रांम राइ का कहिये यहु ऐसी।
जन की जांनत हौ जैसी तैसी।। टेक।।
मीन पकरि काट्यौ अरु फाट्यौ, बांटि कीयौ बहु बांनीं।
खंड खंड करि भोजन कीन्हौं, तऊ न बिसार्यौ पांनी।।१।।
तै हम बाँधे मोह पासि मैं, हम तूं प्रेम जेवरिया बांध्यौ।
अपने छूटन के जतन करत हौ, हम छूटे तूँ आराध्यौ।।२।।
कहै रैदास भगति इक बाढ़ी, अब काकौ डर डरिये।
जा डर कौं हम तुम्ह कौं सेवैं, सु दुख अजहूँ सहिये।।३।।

(राग सोरठी)

99. रांमहि पूजा कहाँ चढ़ाऊँ

रांमहि पूजा कहाँ चढ़ाऊँ।

फल अरु फूल अनूप न पाऊँ।। टेक।।

थनहर दूध जु बछ जुठार्यौ, पहुप भवर जल मीन बिटार्यौ।

मलियागिर बेधियौ भवंगा, विष अंम्रित दोऊँ एकै संगा।।१।।

मन हीं पूजा मन हीं धूप, मन ही सेऊँ सहज सरूप।।२।।

पूजा अरचा न जांनूं रांम तेरी, कहै रैदास कवन गति मेरी।।३।।

(राग आसा)

100. रे चित चेति चेति अचेत काहे

रे चित चेति चेति अचेत काहे, बालमीकौं देख रे।

जाति थैं कोई पदि न पहुच्या, राम भगति बिसेष रे।। टेक।।

षट क्रम सहित जु विप्र होते, हरि भगति चित द्रिढ नांहि रे।

हरि कथा सूँ हेत नांहीं, सुपच तुलै तांहि रे।।१।।

स्वान सत्रु अजाति सब थैं, अंतरि लावै हेत रे।

लोग वाकी कहा जानैं, तीनि लोक पवित रे।।२।।

अजामिल गज गनिका तारी, काटी कुंजर की पासि रे।

ऐसे द्रुमती मुकती कीये, क्यूँ न तिरै रैदास रे।।३।।

(राग सोरठी)

101. रे मन माछला संसार समंदे

रे मन माछला संसार समंदे, तू चित्र बिचित्र बिचारि रे।

जिहि गालै गिलियाँ ही मरियें, सो संग दूरि निवारि रे।। टेक।।

जम छैड़ि गणि डोरि छै कंकन, प्र त्रिया गालौ जांणि रे।

होइ रस लुबधि रमैं यू मूरिख, मन पछितावै न्यांणि रे।।१।।

पाप गिल्यौ छै धरम निबौली, तू देखि देखि फल चाखि रे।

पर त्रिया संग भलौ जे होवै, तौ राणां रांवण देखि रे।।२।।

कहै रैदास रतन फल कारणि, गोब्यंद का गुण गाइ रे।

काचौ कुंभ भर्यौ जल जैसैं, दिन दिन घटतौ जाइ रे।।३।।

(राग सोरठी)

102. सगल भव के नाइका

सगल भव के नाइका।

इकु छिनु दरसु दिखाइ जी।। टेक।।

कूप भरिओ जैसे दादिरा, कछु देसु बिदेसु न बूझ।

ऐसे मेरा मन बिखिआ बिमोहिआ, कछु आरा पारु न सूझ।।१।।

मलिन भई मति माधव, तेरी गति लखी न जाइ।

करहु क्रिपा भ्रमु चूकई, मैं सुमति देहु समझाइ।।२।।

जोगीसर पावहि नहीं, तुअ गुण कथन अपार।

प्रेम भगति कै कारणै, कहु रविदास चमार।।३।।

(राग गौड़ी पूर्वी)

103. सब कछु करत न कहु कछु कैसैं

सब कछु करत न कहु कछु कैसैं।

गुन बिधि बहुत रहत ससि जैसें।। टेक।।

द्रपन गगन अनींल अलेप जस, गंध जलध प्रतिब्यंबं देखि तस।।१।।

सब आरंभ अकांम अनेहा, विधि नषेध कीयौ अनकेहा।।२।।

इहि पद कहत सुनत नहीं आवै, कहै रैदास सुकृत को पावै।।३।।

(राग जैतश्री)

104. संत ची संगति संत कथा रसु

संत ची संगति संत कथा रसु।
संत प्रेम माझै दीजै देवा देव।। टेक।।
संत तुझी तनु संगति प्रान।
सतिगुर गिआन जानै संत देवा देव।।१।।
संत आचरण संत चो मारगु।
संत च ओल्हग ओल्हगणी।।२।।
अउर इक मागउ भगति चिंतामणि।
जणी लखावहु असंत पापी सणि।।३।।
रविदास भणै जो जाणै सो जाणु।
संत अनंतहि अंतरु नाही।।४।।

(राग आसा)

105. संतौ अनिन भगति यहु नांहीं

संतौ अनिन भगति यहु नांहीं।
जब लग सत रज तम पांचूँ गुण ब्यापत हैं या मांही।। टेक।।
सोइ आंन अंतर करै हरि सूँ, अपमारग कूँ आंनैं।
कांम क्रोध मद लोभ मोह की, पल पल पूजा ठांनैं।।१।।
सति सनेह इष्ट अंगि लावै, अस्थलि अस्थलि खेलै।
जो कुछ मिलै आंनि अखित ज्यूं, सुत दारा सिरि मेलै।।२।।
हरिजन हरि बिन और न जांनैं, तजै आंन तन त्यागी।
कहै रैदास सोई जन न्रिमल, निसदिन जो अनुरागी।।३।।

106. साध का निंदकु कैसे तरै

साध का निंदकु कैसे तरै।

सर पर जानहु नरक ही परै।। टेक।।

जो ओहु अठिसठि तीरथ न्हावै। जे ओहु दुआदस सिला पूजावै।

जे ओहु कूप तटा देवावै। करै निंद सभ बिरथा जावै।।१।।

जे ओहु ग्रहन करै कुलखेति। अरपै नारि सीगार समेति।

सगली सिंम्रिति स्रवनी सुनै। करै निंद कवनै नही गुनै।।२।।

जो ओहु अनिक प्रसाद करावै। भूमि दान सोभा मंडपि पावै।

अपना बिगारि बिरांना साढै। करै निंद बहु जोनी हाढै।।३।।

निंदा कहा करहु संसारा। निंदक का प्ररगटि पाहारा।

निंदकु सोधि साधि बीचारिआ। कहु रविदास पापी नरकि सिधारिआ।।४।।

(राग गौड़ी)

107. सु कछु बिचार्यौ ताथैं

सु कछु बिचार्यौ ताथैं मेरौ मन थिर के रह्यौ।

हरि रंग लागौ ताथैं बरन पलट भयौ।। टेक।।

जिनि यहु पंथी पंथ चलावा, अगम गवन मैं गमे दिखलावा।।१।।

अबरन बरन कथैं जिनि कोई, घटि घटि ब्यापि रह्यौ हरि सोई।।२।।

जिहि पद सुर नर प्रेम पियासा, सो पद्म रमि रह्यौ जन रैदासा।।३।।

(राग आसा)

108. सेई मन संमझि समरंथ सरनांगता

सेई मन संमझि समरंथ सरनांगता।

जाकी आदि अंति मधि कोई न पावै।।

कोटि कारिज सरै, देह गुंन सब जरैं, नैंक जौ नाम पतिव्रत आवै।। टेक।।

आकार की वोट आकार नहीं उबरै, स्यो बिरंच अरु बिसन तांई।

जास का सेवग तास कौं पाई है, ईस कौं छांड़ि आगै न जाही।।१।।

गुणंमई मूंरति सोई सब भेख मिलि, निग्रुण निज ठौर विश्रांम नांही।

अनेक जूग बंदिगी बिबिध प्रकार करि, अंति गुंण सेई गुंण मैं समांही।।२।।

पाँच तत तीनि गुण जूगति करि करि सांईया, आस बिन होत नहीं करम काया।

पाप पूंनि बीज अंकूर जांमै मरै, उपजि बिनसै तिती श्रब माया।।३।।

क्रितम करता कहैं, परम पद क्यूँ लहैं, भूलि भ्रम मैं पर्यों लोक सारा।

कहै रैदास जे रांम रमिता भजै, कोई ऐक जन गये उतरि पारा।।४।।

(राग रामगरी)

109. सो कत जानै पीर पराई

सो कत जानै पीर पराई।

जाकै अंतरि दरदु न पाई।। टेक।।

सह की सार सुहागनी जानै। तजि अभिमानु सुख रलीआ मानै।

तनु मनु देइ न अंतरु राखै। अवरा देखि न सुनै अभाखै।।१।।

दुखी दुहागनि दुइ पख हीनी। जिनि नाह निरंतहि भगति न कीनी।

पुरसलात का पंथु दुहेला। संग न साथी गवनु इकेला।।२।।

दुखीआ दरदवंदु दरि आइआ। बहुतु पिआस जबाबु न पाइआ।

कहि रविदास सरनि प्रभु तेरी। जिय जानहु तिउ करु गति मेरी।।३।।

(राग सूही)

110. हउ बलि बलि जाउ रमईया कारने

हउ बलि बलि जाउ रमईया कारने।

कारन कवन अबोल।। टेक।।

हम सरि दीनु दइआलु न तुमसरि। अब पतीआरु किआ कीजै।

बचनी तोर मोर मनु मानैं। जन कउ पूरनु दीजै।।१।।

बहुत जनम बिछुरे थे माधउ, इहु जनमु तुम्हरे लेखे।

कहि रविदास अस लगि जीवउ। चिर भइओ दरसनु देखे।।२।।

(राग धनाश्री)

111. हरि को टाँडौ लादे जाइ रे

हरि को टाँडौ लादे जाइ रे।

मैं बनिजारौ रांम कौ।।

रांम नांम धंन पायौ, ताथैं सहजि करौं ब्यौपार रे।। टेक।।

औघट घाट घनो घनां रे, त्रिगुण बैल हमार।

रांम नांम हम लादियौ, ताथैं विष लाद्यौ संसार रे।।१।।

अनतहि धरती धन धर्यौ रे, अनतहि ढूँढ़न जाइ।

अनत कौ धर्यौ न पाइयैं, ताथैं चाल्यौ मूल गँवाइ रे।।२।।

रैनि गँवाई सोइ करि, द्यौस गँवायो खाइ।

हीरा यहु तन पाइ करि, कौड़ी बदलै जाइ रे।।३।।

साध संगति पूँजी भई रे, बस्त लई त्रिमोल।

सहजि बलदवा लादि करि, चहुँ दिसि टाँडो मेल रे।।४।।

जैसा रंग कसूंभं का रे, तैसा यहु संसार।

रमइया रंग मजीठ का, ताथैं भणैं रैदास बिचार रे।।५।।

(राग केदारौ)

112. हरि जपत तेऊ जना पदम कवलास पति

हरि जपत तेऊ जना पदम कवलास पति तास समतुलि नहीं आन कोऊ।

एक ही एक अनेक होइ बिसथरिओ आन रे आन भरपूरि सोऊ।। टेक।।

जा कै भागवतु लेखी ऐ अवरु नहीं पेखीऐ तास की जाति आछोप छीपा।

बिआस महि लेखी ऐ सनक महि पेखी ऐ नाम की नामना सपत दीपा।।१।।

जा कै ईदि बकरीदि कुल गऊ रे वधु करहि मानी अहि सेख सहीद पीरा।

जा कै बाप वैसी करी पूत ऐसी सरी तिहू रे लोक परसिध कबीरा।।२।।

जा के कुटंब के ढेढ सभ ढोर ढोवंत फिरहि अजहु बंनारसी आस पासा।

आचार सहित विप्र करहि डंडउति तिन तनै रविदास दासानुदासा।।३।।

(राग मल्हार)

113. हरि हरि हरि न जपसि रसना

हरि हरि हरि न जपसि रसना।

अवर सभ छाड़ि बचन रचना।। टेक।।

सुध सागर सुरितरु चिंतामनि कामधैन बसि जाके रे।

चारि पदारथ असट महा सिधि नव निधि करतल ताकै।।१।।

नाना खिआन पुरान बेद बिधि चउतीस अछर माही।

बिआस बीचारि कहिओ परमारथु राम नाम सरि नाही।।२।।

सहज समाधि उपाधि रहत होइ उड़े भागि लिव लागी।

कहि रविदास उदास दास मतित जनम मरन भै भागी।।३।।

(राग मारू)

114. हरि हरि हरि न जपहि रसना

हरि हरि हरि न जपहि रसना।

अवर सम तिआगि बचन रचना।। टेक।।

सुख सागरु सुरतर चिंतामनि कामधेनु बसि जाके।

चारि पदारथ असट दसा सिधि नवनिधि करतल ताके।।१।।

नाना खिआन पुरान बेद बिधि चउतीस अखर माँही।

बिआस बिचारि कहिओ परमारथु राम नाम सरि नाही।।२।।

सहज समाधि उपाधि रहत फुनि बड़ै भागि लिव लागी।

कहि रविदास प्रगासु रिदै धरि जनम मरन भै भागी।।३।।

(राग सोरठी)

115. हरि हरि हरि हरि हरि हरि हरे

हरि हरि हरि हरि हरि हरि हरे।

हरि सिमरत जन गए निसतरि तरे।। टेक।।

हरि के नाम कबीर उजागर। जनम जनम के काटे कागर।।१।।

निमत नामदेउ दूधु पीआइया। तउ जग जनम संकट नहीं आइआ।।२।।

जनम रविदास राम रंगि राता। इउ गुर परसादि नरक नहीं जाता।।३।।

(राग आसा)

116. है सब आतम सोयं प्रकास साँचो

है सब आतम सोयं प्रकास साँचो।
निरंतरि निराहार कलपित ये पाँचौं।। टेक।।
आदि मध्य औसान, येक रस तारतंब नहीं भाई।
थावर जंगम कीट पतंगा, पूरि रहे हरिराई।।१।।
सरवेसुर श्रबपति सब गति, करता हरता सोई।
सिव न असिव न साध अरु सेवक, उभै नहीं होई।।२।।
ध्रम अध्रम मोच्छ नहीं बंधन, जुरा मरण भव नासा।
दृष्टि अदृष्टि गेय अरु –ज्ञाता, येकमेक रैदासा।।३।।

(राग रामकली)

117. त्राहि त्राहि त्रिभवन पति पावन

त्राहि त्राहि त्रिभवन पति पावन।
अतिसै सूल सकल बलि जांवन।।टेक।।
कांम क्रोध लंपट मन मोर,
कैसैं भजन करौं रांम तोर।।१।।
विषम विष्याधि बिहंडनकारी,
असरन सरन सरन भौ हारी।।२।।
देव देव दरबार दुवारै,
रांम रांम रैदास पुकारै।।३।।

(राग धनाश्री)